getfax Grünbuch Logistik

AF124839

Für Felicitas und Frank

„Macht kaputt, was euch kaputt macht!" Der Slogan der Rockgruppe „Ton, Steine, Scherben" aus dem letzten Jahrhundert ist immer noch Programm bei den Grünen. Ihr Wahlmotto 2013 „Alles für alle" heißt unter Parteichefin Claudia Roth, ehedem Managerin der Band, richtig übersetzt: Alle gegen alles!

Nach dem Wegfall ihres zentralen Leidmotivs Atomkraft fand die Partei ein neues in der Binnenschifffahrt. Damit bleiben sich die Grünen treu als Teil der größten Zerschlagungswelle auf die Fundamente der deutschen Volkswirtschaft seit Kriegsende.

Meilensteine dieser verhängnisvollen Zerstörungspolitik der vergangenen drei Jahrzehnte Bundesrepublik: Kohle und Stahl, Bundespost, Bundesbahn, öffentlich-rechtlicher Rundfunk, Land-, Forst- und Tierwirtschaft, Universität und damit das Erfolgsmodell von mindestens dreihundert Jahren deutscher Forschung und Lehre, Wissenschaft, Wirtschaft, Kunst und Kultur sowie zuletzt Transrapid, Wasserversorgung und die Verkehrsinfrastruktur – alles kaputt gemacht, verramscht und verhökert.

Die Grünen sind Teil einer antimaritimen Koalition, die von links bis rechts im politisch relevanten Parteienspektrum und von Naturschützern bis zum alles im Hintergrund steuernden Industriekomplex reicht. Mit Schlachtrufen wie „Rettet die Libelle!" bläst sie fortwährend unter Deckmänteln von Hochwasser-, Natur-, Umweltschutz und Privatisierung zum Sturmangriff auf die Grundpfeiler von Staat und Wirtschaft. Bekannt geworden ist sie als die „Libellen-Mafia".

Friedrich H.B. Oehlerking berichtet seit anderthalb Jahrzehnten als Journalist über die Zerstörung des deutschen Wasserstraßensystems. In fast vier Jahren als Chefredakteur der führenden Fachzeitschrift auf diesem Gebiet hat er Höhen und Tiefen des Geschäfts kennengelernt und mit den wichtigen Entscheidern gesprochen.

Oehlerking hat als Moderator von Informationsveranstaltungen zum Donauausbau erlebt, was es heißt, in einem freien Land zu Beginn des 21. Jahrhunderts anderer Meinung als die Libellen-Mafia zu sein und dem Erhalt unserer Wasserstraßen das Wort zu reden oder als Journalist zu schreiben. Schonungslos weist er in seinem wieder einmal beeindruckenden Buch nach, wie diese Allianz der Macht vor nichts zurückschreckt, um das europäische Binnenwasserstraßennetz, das beste der Welt, zum Verramschen an die Privatisierungsheuschrecken des internationalen Kapitals schrottreif zu diskutieren.

Friedrich H.B. Oehlerking

Brücken · Bauten · Biotope

Im Fadenkreuz
der Libellen-Mafia

Unter Rot-Grün transportieren wir uns kaputt
Ohne Wasserstraßenbau gehen wir
im Transport-Tsunami unter
Ohne Binnenschiff droht der Autobahn-Super-Stau

getfax Grünbuch Logistik

getfax Verlag F. Oehlerking, Winterstr. 23a, D-85253 Erdweg
www.getfax.de

Titel: Im Fadenkreuz der Libellen-Mafia
Reihe: Logistik, Grünbuch

9 farbige Abbildungen, 1 schwarz-weiße Abbildung

Titelbild: Biotop bei Erdweg, Oberbayern, 2013
Foto: Marina Oehlerking
Montage: Friedrich H. B. Oehlerking
Covergestaltung: Friedrich H. B. Oehlerking
Layout und Produktion: Friedrich H. B. Oehlerking
Herstellung und Verlag: BoD – Books on Demand, Norderstedt

Printed in Germany 2013

ISBN: 978-3-7322-5532-0
Nationalbibliografie, Deutsche Nationalbibliothek http://dnb.dnb.de.

INHALT

Einleitung

Kreuch, fleuch – keuch!

Wer schon mal an einem Flüsschen oder Bach gestanden hat, kann sich vielleicht über die dort herrschende allgemeine Ruhe gefreut haben, mag mit Wohlgefallen von grünem Gras träumen, Sträuchern, Bäumen, einem nahe liegenden Wäldchen vielleicht, einer Idylle, wo Grillen zirpen, Frösche quaken, hier oder da Libellen fliegen – Natur, wohin man schaut.

Diese Träumerei trügt. Jedenfalls, wenn man den Veröffentlichungen von grünen oder linken Gruppierungen und Berichten in den meisten öffentlich zugänglichen Publikationen glaubt. In deren Wirklichkeit ist kein Platz für Schwärmerei. Da sieht die Welt ganz anders aus. Betonierte *Half pipes*, Wasserbausteine ohne Ende in Flüssen, kilometerlange schnurgerade Kanalstrecken durch öde Agrarwüsten; kein Strauch, kein Baum, kein kreuchendes oder fleuchendes Wesen erfreut das Herz – stattdessen machen keuchende Schiffsschlote geldgieriger Binnenschifferbarone Mensch, Tier und Pflanze krank.

Davon müsse man wieder weg, wieder zurück zu Schäferspielchen am trauten Weiher, den Flüssen wiedergeben, was der Flüsse ist in der Weltsicht dieser Weltverbesserer, die geprägt ist von jener unnachahmlichen Mischung aus abgrundtiefer Naivität und himmelschreiendem Selbstbewusstsein eines grünen Parteiführers Jürgen Trittin, der da einst laut vor sich hinphilosophierte: „Flüsse sind zum Fließen da."

Nun ist man ja von Grünen einiges gewöhnt. Das ist wie mit ihrer Allergie gegen Atomkraftwerke. Warum sind Grüne gegen Atomkraftwerke? Weil die Grünen ihren Strom aus der Steckdose beziehen. So ähnlich muten auch ihre Forderungen nach nachhaltiger Mobilität und Verkehr an. Gütertransport möglichst gar nicht; denn man bekommt seine Waren doch im nächstgelegenen Supermarkt.

Es drängen sich Beispiele klingender, tatsächlich aber – um es gelinde auszudrücken – haarsträubender, in manchen Fällen höchst sittenwidriger und gefährlicher grüner Positionen aus der Vergangenheit auf. Wer schützt die Natur vor dem Naturschutz? rief beispielsweise auf einem Imkertag in Aurich Anfang der achtziger Jahre verzweifelt ein Imker vom Podium aus. Anlass hierfür war eine Forderung von Naturschützern und der damals gerade neu gegründeten Partei „Die Grünen" nach einem Verbot der Berufsimkerei in Deutschland.

Deren Begründung: die Bienen stünden in einem Konkurrenzverhältnis zu anderen pollensammelnden Insekten wie Wildbienen, Hummeln und andere. Schon damals war nicht nur in Imkerkreisen bekannt, dass es „ohne Bienen nicht geht", wie 1981 der damalige Rechtsobmann von zwei norddeutschen Imkerverbänden, Dr. Achim Gercke warnte. [1] Wie vorausschauend und berechtigt Gerckes Warnung damals war und wie gefährlich die Position der Grünen, zeigt sich heute in aller grausamen Wirklichkeit, wo sich die Forderung der vermeintlichen Naturschützer von damals offenbar von selbst erledigt. Ein weltweites Bienensterben hat eingesetzt, dessen katastrophale Auswirkungen auf unsere Nahrungskette und die gesamte Volkswirtschaft noch gar nicht bis ins Letzte erforscht sind.

Die Liste der Beispiele, wo die Grünen mit Forderungen in den Wald hinein vorausgaloppiert sind und wohl nur bei sehr wenigen von ihnen erst im Nachhinein klar war, dass man sich vergaloppieren würde und so schnell nicht wieder aus dem Wald herausfinden würde, ist lang. Erinnert sei an Grünen-Forderungen wie in den neunziger Jahren des letzten Jahrhunderts nach einer Erhöhung des Benzinpreises auf fünf D-Mark pro Liter – nach damaligen Maßstäben ungefähr so abstrus, wie wenn man heute einen Literpreis von zwanzig Euro für Benzin in Anschlag brächte [2] – oder in den achtziger Jahren nach Straffreiheit für sexuelle Beziehungen mit Kindern. [3] Und wenn die Grünen angesichts der Hochwasserkatastrophe 2013 die verbale Keule gegen jeden schwingen, der sich nicht bei Drei auf ein Rettungsschlauchboot vor der von dieser Partei fortlaufend moralinsauer aufgestoßenen Brühe von *Political Correctness* gerettet hat, sollte man sich Entgleisungen von Vertretern dieser Partei wie ihres einstigen Vorbeters und ehemaligen Bundesaußenministers Joschka Fischer gegen Bundeskanzlerin Angela Merkel mehrmals auf der Zunge zergehen lassen, sie sei schuld an der Finanzkrise der Eurozone und riskiere die Zerstörung Europas. Fischer: „Es wäre eine Tragödie, wenn Deutschland nach den beiden Malen im 20. Jahrhundert nun ein drittes Mal die europäische Ordnung zu Grunde richten würde." [4]

Bedarf es noch weiterer Warnhinweise an diejenigen, die den aus schlagzeilenträchtigem Anlass der Hochwasserkatastrophe im Frühsommer 2013 lauthals wieder von Grünen-Politikern vorgetragenen Appellen zu mehr Bürgerbeteiligung und Demokratie einerseits und Verbalattacken auf unbescholtene Fachleute und den politischen Gegner nur allzu bereitwillig auf den Leim gehen wollen?

Keinerlei falschen Vorstellungen braucht man sich über Energie, Rücksichtslosigkeit und Schlagzeilengeilheit hinzugeben, mit der die Vertreter dieser Partei und in ihrem Fahrwasser selbst ernannte Streiter gegen Wasserstraßenbau und Schifffahrt in den kommenden Jahren noch gegen hochwasserschutzwichtige Aus- und Neubaumaßnahmen an Donau, Rhein, Elbe, Saale usw. vorgehen werden.

Denn klar dürfte auch sein, dass die organisierten Ausbaugegner in ihrer publizistischen Agitation letztlich gar nicht die Sorge um das Überleben von irgendwelchen Tier- und Pflanzenarten umtreibt. Ihnen geht es nur um eins: die Schlagzeile. Nur so sind Agitationen unterhalb der Gürtellinie wie beispielsweise manipulierte Fotomontagen auf Flugblättern oder die konstante Weigerung der BUND-Vertreter, sich davon zu distanzieren, zu erklären.

Wenigstens ehrliche Verfechter der Bahn-Idee sollten sich zudem nicht von den Grünen und Pseudonaturschützern täuschen lassen. Die Betonung der Bahn in grünen Programmen ist ja nicht ehrlich gemeint. Auch hier geht es nur um die Schlagzeile. Die gleiche Streitkultur, die bei einer Vielzahl von Anlässen entlang der Donau gegen die Binnenschifffahrt mobilisiert wird, wird, wenn es sein muss, an anderer Stelle gegen den Ausbau von Autobahnen oder gegen den

Bau von Eisenbahnen, Stichwort Stuttgart21, Magnetschwebebahnen, Stichwort Transrapid, oder z.B. Bienen eingesetzt *(s. Seite 8)*.

Wie formulierte es ein Grünenpolitiker unlängst in Berlin: „Eine Schlagzeile ist mehr wert als tausend Libellen." Und diese Strategie taugt offenbar für jeden Marsch durch die Instanzen – egal wie lang.

Es geht nicht darum, dem wohlverstandenen Natur- und Umweltschutz seine Berechtigung abzusprechen. Es geht nicht darum, Umweltsünden der Vergangenheit, die zumal auch beim Wasserstraßenbau unstreitig begangen wurden, schön zu reden. Es geht nicht darum, Wirtschaft und Industrie jeden ökologischen Unsinn zu verzeihen oder zu entschuldigen.

Viel hat die Bewegung des wohlverstandenen Natur- und Umweltschutzes Ende der siebziger, in den achtziger und neunziger Jahren des letzten Jahrhunderts bewirkt, dass beispielsweise schon unter einem Bundesumweltminister Klaus Töpfer (CDU) damals das Schwimmen im Rhein wieder möglich war. Dass der zur CDU gehörte und nicht zu den Grünen, ist geschenkt. Genauso wie die Sozialdemokraten die treibende Kraft im Reichstag waren, die einen Reichskanzler Bismarck in die Sozialversicherungsgesetze zwangen, dieser aber in der Geschichte sich den Lorbeerkranz dafür aufsetzen durfte. Hätte es die Grünen nicht gegeben, wäre auch Töpfer nicht im Rhein geschwommen, soviel ist sicher auf dem Haben-Konto dieser Partei. Doch die Zeiten sind vorbei. Schon 1998, also wenige Jahre nach Töpfer, schwamm ich selbst im Rhein, ohne mir Pusteln oder Herpes geholt zu haben.

Auf das Haben-Konto der Grünen vielleicht auch dieses noch aus eigenem Erleben: Ich entsinne mich meiner Studienzeit in Heidelberg in den siebziger Jahren. Damals war bei Hochwasser die Uferstraße von Heidelberg nach Heilbronn nicht nur überflutet – das gehörte damals und auch heute noch zu den relativ normalen Erscheinungen solcher Naturereignisse. Schlimmer war die Belastung des Neckars mit chemischer Verunreinigung. Sie war zeitweise so hoch, dass an der Schleuse Hirschhorn der Schaum die Uferstraße meterhoch bedeckte. Das ist heute nicht mehr vorstellbar, dank den Initiativen unter anderem der Grünen.

Das ist lange her. Die damals von den Grünen zu Recht angeprangerten Missstände sind behoben. Wenn man so will, haben die Grünen als der Goethesche Besen des Zauberlehrlings, den man rief, ihre Pflicht und Schuldigkeit getan – sie können gehen. Nun geht es darum, dem missverstandenen, selbst ernannten, über das ursprüngliche Ziel hinausschießende und in Wirklichkeit anderen Zielen wie dem politischen Profit dienenden angeblichen Natur- und Umweltschutz Einhalt zu gebieten. Es geht darum zu erkennen, dass die Zeit des grundlegenden Grünentums vorbei ist. „Stock, der ihr gewesen ...“

Natur- und Umweltschutz ist selbstverständlich geworden, seine Betonung so überflüssig wie das ständige Herbeten von Politikern, sie seien für Frieden. Jeder vernünftige Mensch ist für Frieden, wer denn nicht? Natur- und Umweltschutz gehört zum Standard verantwortlicher Politik und verantwortlicher Verwaltung allgemein, insbesondere der Wasser- und Schifffahrtsverwaltung (WSV).

Der wohlverstandene Natur- und Umweltschutz ist nicht erst seit gestern in allen Belangen mit allen möglichen Maßnahmen, vor allem aktiv betrieben durch die deutsche WSV, überaus aktiv und erfolgreich tätig, wie das Beispiel der von ihr gebauten und noch zu bauenden Fischaufstiegsanlagen zeigt.

Es wäre überzogen, ausgerechnet den grünen Weltverbesserern Ideologien eines Milton Friedman [5] unterstellen zu wollen. Aber in der Methodik kommt die Vorgehensweise der Propagandamaschinerie von Grünen, BUND und wie die Organisationen, angeblichen Bürgerinitiativen und Aktionsbündnisse in ihrem unmittelbaren oder mittelbaren Fahrwasser nicht alle heißen, jenem von der kanadischen Umweltaktivistin Naomi Klein als „Schock-Strategie“ bezeichneten „Katastrophen-Kapitalismus“ ziemlich nahe. [6] Und im Ergebnis, so scheint es derzeit, unterstützen sie diese Strategie auf jeden Fall.

Denn was von Grünen, Roten und sonstigen selbsternannten Naturschützern an Forderungen erhoben wird, läuft letztlich nur auf das eine hinaus: eine in Jahrhunderten gewachsene Infrastruktur des Zusammenlebens von Mensch und Natur an, auf und mit dem Wasser unter dem Banner von „Renaturierung“, „Retention“, „Überlauf“ etc. zu zerschlagen. Was Friedrich II., der Große, von Preußen einst nicht wie andere Staaten und Fürsten mit Blut, Schwert und Tränen, sondern mit Spaten und Schaufel als friedlichsten Landgewinn aller Zeiten Sumpf, Oder, Spree, Havel und Elbe abtrotzen ließ, nicht um etwaigen kapitalistischen Neigungen monströser Schiffsreeder und Energiemogule unendliche Milliarden in die Privatschatulle zu spülen, sondern um wegen ihres Glaubens verfolgten Menschen aus unterdrückten anderen Ländern ein Zuhause zu geben, alles, was zumal im vergangenen Jahrhundert eine überaus umweltbewusste, dem Naturschutz in erster Linie verpflichtete WSV als Nachlassverwalterin jenes großen pazifistischen Erbes der preußischen Wasser- und Wasserstraßenbauer geleistet haben, soll unter Ausnutzung von Schrecken und Entsetzen, die Jahrhunderthochwasserkatastrophen bei den Menschen hinterlassen, genauso ausradiert werden wie die bis dahin einwandfrei funktionierenden öffentlichen Einrichtungen in New Orleans, bevor der *Hurricane* Katrina kam.

Die Grünen tun dabei immer so, als wären sie die Gralshüter des Antikapitalismus'. In Wirklichkeit bereiten sie erst im Zuge von Schock und Entsetzen den Weg für die tatsächlichen Kapitalisten. Die Grünen waren es, die althergebrachte, millionenfach und jahrzehntelang bewährte landwirtschaftliche Anbauweisen plötzlich als „Agrowüste" verunglimpften. Vor allem den Grünen hat es eine weltweit agierende Pflanzenschutzindustrie unter Führung von Monopolkonzernen wie dem US-Biochemieriesen Monsanto zu verdanken, wenn nach dieser Vorhutflurbereinigung der Landwirtschaft sich heute zwischen Flensburg und Füssen, Stuttgart und Stettin statt rauschender, lebendiger Getreide-, Kartoffel- oder Rübenäcker tatsächliche Agrowüsten in Form von unendlichen Solarglas- und Energiemaisfeldern von Horizont zu Horizont erstrecken.

Die Grünen haben für ihren Politikprofit den Ertragsreichtum einer Politik des Schock und Entsetzens entdeckt. Wie das funktioniert, haben sie ungeachtet ihrer angeblichen und so huldvoll vorgetragenen Vorliebe für den Verkehrsträger Bahn bis zum Exzess am Fall Stuttgart21 vorexerziert. Und sie geben sich nicht den Anschein, als ob sie auf ein derart probates Mittel wie die Strategie von Schock und Entsetzen zur Steigerung der allgemeinen Aufmerksamkeit für ihre wirklichkeitsfernen und gemeingefährlichen Vorstellungen und Ideen ausgerechnet im Wahljahr 2013 verzichten würden.

Sie wären auch schön blöd, wenn sie es täten, angesichts einer solchen Steilvorlage, die ihnen die Natur mit der Hochwasserkatastrophe in Bayern, Sachsen, Sachsen-Anhalt und Niedersachsen, also fast einem Drittel der Fläche des Wahllandes Bundesrepublik Deutschland quasi zum Nulltarif vor die Propagandalinsen und Mikrophone der Mainstreammedien geschossen hat.

Täten sie es, wäre die jahrelange Wühlarbeit der Grünen und selbsternannten Naturschützer zunichte. Alle Falschinformationen und Halbwahrheiten über angebliche Betonbauten in der Donau, Einbetonierungen von Flussidyllen an Saale, Elbe oder Unstrut und Libellen- oder Vogelmassaker – nicht in Ländern des ach so herrlichen Arabischen Frühlings wie Tunesien, Ägypten oder Libyen, wo kilometerlange Netze am Mittelmeerstrand Heerscharen unschuldiger Sing- und Zugvögel elend verrecken lassen, sondern – an Donau, Rhein und Elbe, wären mit einem Schlag entlarvt.

Das wollen, das können die Grünen, die Roten, die sogenannten Naturschützer und Umweltprotagonisten nicht, schon gar nicht im Superwahljahr 2013. Deswegen müssen sie immer weiter auf ihrem Pfad der Heuchelei wandeln. Das ist verständlich.

Aber darüber muss informiert werden. Die Medien der Binnenschifffahrt selbst tun es. Nur: wer liest sie? In der großen, für die politische Entscheidungsfindung relevanten Masse der Allgemeinheit finden sie keinen Niederschlag. Ausnahmen wie der renommierte Journalist Hannes Burger können sich die Fingerkuppen wund schreiben – letztlich bestätigen sie nur die Regel, wonach nicht sie, sondern die grünen Umweltideologen die Lufthoheit über den Stammtischen der Meinungsmacher seit zwei Jahrzehnten mit unsäglichem Erfolg für sich requiriert haben.

Und: Womit haben sie diesen Erfolg errungen? Auch darüber muss informiert werden. Nicht mit vernünftigen, sachbezogenen Informationen, sondern mit Verunglimpfung, Verdrehungen, Verfälschungen, mit einer professionellen Spenden- und Geldeintreibmaschinerie, einer umfassenden Naturschutzindustrie, die auch nicht vor dem Schulterschluss mit dem vermeintlichen Gegner, dem motor- und antriebstechnischen Industriekomplex einschließlich eines Teils der Autofahrerlobbies zurückschreckt.

Auch darüber muss informiert werden, damit all die ehrlichen, wohlmeinenden und spendenbereiten Menschen, älteren Leute, Gerichte Bescheid wissen, dass ihr sauer verdienter Notgroschen, den sie angesichts von Tod, Strafe, Erbfall etc. für dieses oder jenes ihnen als zuverlässig vorgestelltes Natur- oder Umweltschutzprojekt opfern wollen, unter Umständen womöglich gar nicht diesem, sondern dem im Großen und Ganzen einem vernünftigen, richtigen Natur- und Umweltschutz zuwiderlaufenden Agitprop zufließt.

Gelingt es nicht, dem ausufernden Naturschutzwahn ein Ende zu setzen, werden sich eines Tages die Natur, die Wasserwege, die volkswirtschaftlichen Erfordernisse bitter rächen. Spätestens dann nämlich, wenn ein unaufhaltsam auf Europa zurollender Transport-Tsunami schon ab 2020 alles bisher auf Deutschlands Straßen und Schienensträngen Dagewesene in den Schatten stellt. Dann nämlich, wenn wegen der von den Grünen und ihren antimaritimen Nachbetern verursachten Einmottung der Binnenschifffahrt Lkw-Staus auf den Autobahnen von Emmerich bis Passau, Hamburg bis Basel und Duisburg bis Frankfurt an der Oder jede noch so plakativ im Grünen-Programm geforderte „Mobilität für alle" schlicht und ergreifend unmöglich machen.

Mag sein, dass dies ein übertriebenes Schreckensbild einer dann doch nicht eintreffenden Zukunft ist – wer würde sich nicht wünschen, dass wir uns täuschen? Doch lassen Äußerungen und Handlungsweisen der grünen und roten Parteien Schlimmstes für den Fall ihrer Machtbeteiligung nach der Bundestagswahl 2013 befürchten. Sollte dieses Buch einen auch noch so kleinen Beitrag dazu leisten, dass dies verhindert werden möge, hätte es seinen Zweck erfüllt.

Erdweg, im August 2013

Friedrich H.B. Oehlerking

Wir transportieren uns zu Tode

Hart und unfair

Für eine Hochkonjunktur einer Zivilisation ist die Anwesenheit von Wasser nahezu immer ausschlaggebend. Kulturen gedeihen am Meer oder an einem Fluss. Grund: Auf Wasser lassen sich – zumal wenn begünstigt durch Wind oder Strömung – Güter müheloser transportieren als auf Land. Handelswege über Straßen und Schienen kamen erst später oder da, wo kein Wasser dafür zur Verfügung stand wie in der Wüste, hinzu. Die Erleichterung des Transportes über Land im Vergleich zum Wassertransport trat aber noch viel später erst in der jüngeren Neuzeit hinzu mit der Erfindung des Motors und der Eisenbahn. Nur als Erinnerung: die Schiffbarkeit der Leine in und nördlich von Hannover beispielsweise trat erst mit der Verwirklichung der Bahnstrecken von Hannover nach Bremen und Hamburg in den Hintergrund, und aus demselben Grund die Bedeutung der Kanäle in England oder Frankreich mit der Verbreitung der Eisenbahn dort.

Das Schiff ist somit das älteste Transportmittel. Einen nachhaltigen Eindruck kann sich davon verschaffen, wer im Internationalen Maritimen Museum Hamburg (IMMH), Sammlung Prof. Peter Tamm, in der Hamburger Speicherstadt, Kaispeicher B, Koreastraße 1, einen Streifzug durch dreitausend Jahre Schifffahrtsgeschichte unternimmt – am besten unter Führung von Prof. Tamm persönlich. Ein unvergessliches Erlebnis, kann ich schon jetzt verraten, aber nicht an einem Tage zu schaffen.

Die Seefahrt ist und bleibt ein wichtiger Motor für die Weltwirtschaft. Nach wie vor wohnen fünfzig Prozent der Weltbevölkerung in Mündungsbereichen oder in Küsten- und Flussregionen. Gerade auch deswegen treffen Jahrhunderthochwasser wie 2002 oder jetzt 2013 hochentwickelte Volkswirtschaften wie die deutsche so hart. Und gerade auch deswegen sind Forderungen der Gegner von Großbaumaßnahmen an Flüssen zum Rückbau von Uferregionen etwa an Donau, Elbe oder Oder, alles zentrale Gebiete für Industrie und Wohnen der Menschen, volkswirtschaftlich und kulturhistorisch so unsinnig.

Sie würden entscheidende Fortschritte letztlich auch von Demokratie und Völkerverständigung für immer zunichte machen, die einst von Pionieren wie Friedrich II. von Preußen mit der Urbarmachung des Oderbruchs und des märkischen Kanalsystems unter anderem zu dem Zweck unternommen wurden, um demokratisch unterdrückten Minderheiten wie den Hugenotten aus Frankreich eine neue Heimat zu geben.

Wo aber sollten denn dereinst all die weltweit unterdrückten und an Leib und Leben bedrohten Menschen in Deutschland noch untergebracht werden können, wenn man hier allein aus Hochwasserschutzgründen seit Jahrhunderten kultivierte Besiedlungs- und Bewirtschaftungsflächen letztlich im Ausmaß ehemaliger Urstromtäler der Natur wieder zurückgäbe? Will man sie dann aus Angst vor dem nächsten Hochwasser in regenerativen Zeltlagern unterbringen, die zudem in Augen dieser Weltverbesserer den Vorteil hätten, die Landschaft nicht so zu versiegeln, wie immer neue Hausbauten, Straßenasphaltierungen etc., die ansonsten zur menschenwürdigen Unterbringung, Versorgung und Kommunikation von Zuwandererströmen aus der ganzen Welt vorgehalten werden müssten?

Denn, wie warnt doch Renate Künast (MdB Bündnis 90/Die Grünen) auf ihrer Internet-Seite: „Hinzu kommt die zunehmende Versiegelung und Verdichtung unserer Böden. Jede Sekunde nimmt die Siedlungsfläche in Deutschland um weitere zwölf Quadratmeter zu. Ein großer Teil der Fläche wird versiegelt. Immer mehr Regenwasser kann nicht mehr vom Boden aufgenommen werden, sondern rauscht in die Flüsse. Auch Wiesen und Äcker verlieren durch Bodenverdichtung und Maßnahmen zur schnellen Entwässerung immer mehr ihre Speicherfunktion. Auch hier eine falsche Förderpolitik der Merkel-Regierung, die die Industrialisierung der Landwirtschaft fördert und den ökologischen Landbau ausbremst. Das Ergebnis: Die Wassermengen können nicht zurückgehalten werden und gelangen zu schnell in die Flüsse." [7]

Dazu Roland Tichy, Chefredakteur der „Wirtschaftswoche" in der Fernsehsendung „Hart aber fair": „Man muss, wenn schon, denn schon im Gesamtzusammenhang von Ökologie reden. In den vom Hochwasser betroffenen Einzugsgebieten werden siebzig Prozent der Ackerfläche für Maisanbau verwendet, wohl gemerkt für die Energiepflanze Mais. Wir wissen, dass Maisanbau die Böden zerstört und sehr stark versiegelt und menschengemacht zu Erosion und dazu führt, dass das Wasser zu schnell abfließt. Das sind alles Maßnahmen, die die Situation dramatisch und jetzt verschärfen." [8]

Dazu auf dem Fernsehschirm eine verständnisvoll nickende Künast, da Tichy entgegenkommenderweise vergisst zu erwähnen, dass der Boom des Maisanbaus landauf, landab vor allem auf die Politik von Rot-Grün in den Jahren 1998 bis 2005 zurückzuführen ist. Genauso übrigens wie die Versiegelung von Ackerflächen mit Solarflächen von einem Horizont zum anderen, unter denen dann auch keine Ackerkrume mehr zu vertrocknen braucht, das Regenwasser schon ein paar Zentimeter höher von den Solarglasflächen gesammelt und noch schneller in die Abflussflächen dem nächsten Hochwasserscheitel zugeführt wird.

Düstere Aussichten unter Rot-Grün

Unter Rot-Grün transportieren wir uns zu Tode. Antimaritime Ideologen gegen einen vernünftigen Wasserstraßenbau haben bei ihnen das Sagen. Trittin steht mit seiner Flussanalogie vom Fließen als der einzigen Aufgabe eines Flusses ziemlich alleine da. Vergleichbares wie Adern sind zum Adern und nicht zum Sauerstofftransport oder Vögel zum Fliegen und nicht zum Transport von Würmern im Schnabel ins heimische Nest da, ist vom Minister selbst auch nicht bekannt. Es nimmt von daher wenig wunder, wenn sein Ausspruch seither von Parteikollegen ebenfalls nicht wieder aufgegriffen wurde, und wenn, dann nur widerwillig. Die Sprecherin für maritime Politik und Nachhaltigkeitsbeauftragte der Grünen-Partei im Deutschen Bundestag, Dr. Valerie Wilms, reagiert jedenfalls nicht sehr freundlich, wenn man sie auf Trittins Äußerung anspricht. In einem Interview fuhr sie mich auf meine entsprechende Frage an: „Wollen Sie jetzt ein Interview mit mir führen oder polemisieren?" [9]

Gleichwohl sehen die Grünen zwar, dass „die Bestandssicherung und die qualitative Verbesserung der Binnenwasserstraßen außer Diskussion stehen", aber, wie Wilms nachdrücklich präzisiert, ohne Änderung des Ausbaustandards. Wilms in dem Interview mit mir noch 2011: „Das heißt aber nicht, dass wir den Ausbau der Wasserstraßen, wie er heute geplant ist und vorangetrieben wird, gutheißen."

Im Gegenteil: Angesichts der gegebenen Verkehrsentwicklung stellt sich für die Grünen die Frage nach dem Nutzen der getätigten Investitionen in den Ausbau der Binnenwasserstraßen. Aber abgestuft nach den tatsächlichen Erfordernissen bewerte man Ausbaumaßnahmen für den Nord-Ostsee-Kanal und den Rhein als prioritär, bei weiteren Projekten, die, so Wilms, „im Bundesverkehrswegeplan alle über einen Kamm geschoren als vordringlich eingestuft" seien, sehe man eine Priorisierung in den drei Kategorien: Gute, bedingte und gar keine Entwicklungsmöglichkeiten.

Dabei werden von den Grünen einige von der Binnenschifffahrt als wichtig angesehene Ausbaumaßnahmen als lediglich bedingt notwendig eingestuft. Weder die bisherige Verkehrsentwicklung noch die Prognosen für die Zukunft rechtfertigen für Wilms beispielsweise in Ostdeutschland einen Ausbau der Wasserstraßen bei Projekten an Elbe, Saale, der Verbindung nach Berlin östlich von Magdeburg oder in Bayern der Donau. Es könne nicht sein, dass man mit immer neuen Staustufen in die Natur eingreift. Die Umwelt müsse für nachfolgende Generationen lebenswert erhalten bleiben. Wasserstraßen dürften daher nicht zu Verkehrsadern degradiert werden, sie müssten wieder zu wichtigen Teilen eines gesunden Ökosystems werden. Davon sei man, so Wilms, nach der „Bauwut der letzten Jahrzehnte meilenweit entfernt".

Wilms wünscht sich eine breitere Einbeziehung aller Interessengruppen in eine ernsthafte Diskussion über den tatsächlichen Bedarf an Binnenwasserstraßen. Dies könne z.B. in einem echten Beteiligungsverfahren erfolgen, bevor irgendwelche Planungen für Neu- und Ausbauten interessengeleitet durch Planer begonnen werden. Sie nennt die Schweiz mit ihren Informationsverfahren vor den Bürgerentscheiden als Musterbeispiel, wie direkte Demokratie sinnvoll organisiert werden könne. Wilms, die offenbar die verheerende Unterstützung, die ihre Partei – wissentlich oder unabsichtlich – durch ihren Widerstand gegen die Binnenschifffahrt der Lkw-Lobby fortwährend leistet, vollkommen übersieht: „Wir können doch nicht dauernd nur einzelne Lobby-Interessen als Grundlage unserer langfristig wirkenden Zukunftsentscheidungen nehmen."

Mit Lobby-Interessen meint Wilms die Branche der Binnenschifffahrt. Angesichts der tatsächlichen Unterstützung des Verkehrsträgers

Straße durch die Grünen kann Wilms jedenfalls die Lobby-Interessen der Lkw-Industrie kaum gemeint haben.

Genauso wenig wie die der Bahn. So unterstützen die Grünen seit jeher den Ausbau der Eisenbahnverbindungen zu den ARA-Häfen „Eiserner Rhein" und Betuwe parallel zum Rhein. Wilms: „Wir stufen den Rhein derzeit so ein, weil er unter den gegebenen Umständen das größte wirtschaftliche Nutzungspotential aller Binnenwasserstraßen in Europa hat." Deswegen müssten hier Unterhaltungsmaßnahmen, Sediment-Management, Uferbebauung etc. weiter fortgeführt werden. Wilms. „Aber wie gesagt: Wir müssen uns heute, solange wir noch über die nötigen Energiereserven verfügen, die Gedanken für die Zeit danach machen, also Richtung 2050."

Und da wird es laut Wilms für die weitere Zukunft von entscheidender Bedeutung sein, in welchem Maße der elektrifizierte Schienenverkehr als Verkehrs- und Transportträger voll zur Verfügung steht. So habe man beispielsweise nicht beizeiten damit begonnen, die Schienentrassen von den deutschen Nordseehäfen auszubauen, sondern, so Wilms, „ausschließlich und nur aus lokalem Prestigedenken" auf den Hochgeschwindigkeits-Personenverkehr des Y-Trassen-Projekts nach Hannover gesetzt.

Überhaupt haben die Grünen das Thema Bahn ganz oben auf ihre Verkehrsinfrastrukturagenda gesetzt. Hier fordern sie, dass die Bahn ihren Anteil am Verkehr verdoppeln soll. Dazu würde die Partei, sollte sie an der Regierung beteiligt werden, jährlich eine Milliarde Euro zusätzlich für den Ausbau des Schienennetzes mit Lärmschutz ausgeben lassen. Finanziert werden könnte es nach ihren Vorstellungen dadurch, dass innerhalb der DB AG die Milliardengewinne der Infrastruktursparten an die Konzernmutter abgeführt werden. Heute gingen diese damit international auf Einkaufstour, statt die Gewinne in die Infrastruktur zu reinvestieren. Zu diesem Zweck wollen die Grünen die Bahntrassen in das unmittelbare Eigentum des Bundes überführen.

Vor dem Hintergrund, dass das Binnenschiff das am wenigsten Umweltlärm verursachende Transportmittel ist, ist die Absicht der Grünen bemerkenswert, den Schutz vor Verkehrslärm voranbringen und sich für ein Nachtflugverbot an Verkehrsflughäfen, verbesserten Lärmschutz an Straßen und Schienenwegen und geräuschärmere

Fahrzeugtechnik einsetzen zu wollen. Das Lärmprivileg für die Bahn wollen sie abschaffen, ebenso die Lärmprivilegien für den Straßen- und den Flugverkehr. Menschen, die von Lärm betroffen sind, sollen in ihren Rechten gestärkt werden und einen umfassenderen Anspruch auf Lärmschutz haben.

Die Investitionen zur aktiven Beseitigung von Lärmquellen und passivem Lärmschutz wollen die Grünen innerhalb des Verkehrsetats auf vierhundert Millionen Euro pro Jahr verdoppeln mit dem Ziel eines auf zehn Jahre angelegten umfangreichen Lärmsanierungspro- gramms. Das Schienennetz wollen sie anwohnerfreundlich mit moder- nen Lärmschutzstandards ausbauen. Bei der Schiene soll ein langfris- tiges Zielnetz 2050 entwickelt werden, das auf einen deutschlandwei- ten Taktfahrplan mit einem verbesserten Personenverkehr ausgelegt wäre und mehr Kapazität für den Güterverkehr schaffte. Dazu rechnet ein Fraktionsbeschluss von 2012 vor: Der Anteil der Eisenbahn an der Leistung des Güterverkehrs 2011 lag bei 17,7 Prozent. Diesen Anteil wolle man in den nächsten zehn Jahren verdoppeln und so in Überein- stimmung mit dem Weißbuch Verkehr 2011 der EU-Kommission 30 Prozent des Straßengüterverkehrs bis 2030 und 50 Prozent bis 2050 auf die Schiene bzw. auf den Schiffsverkehr verlagern. [10]

Dass die Grünen, um ihre ambitionierten Ziele zu erreichen, den Verkehrsträger Schiene attraktiver machen wollen, um mehr Fahrgäs- te und Güterspediteure anzuziehen, steht genauso im Widerspruch zu ihren Taten vorort wie ihre Vorhaben in Sachen Gütertransportverla- gerung auf die Wasserstraße.

Sie haben dafür die Formel vom Verzicht auf „verkehrspolitische Prestigeprojekte" gefunden, die in ihren Augen keinen Nutzen für das Gesamtnetz haben. Darunter lassen sich alle Widersprüche, unter de- nen die Grünen bei Pauschalforderungen nach dem Motto „Alles für Alle" zu leiden haben, wie von Geisterhand wunderbar auflösen:

Die Grünen wollen, dass die Bahn so gut wird, dass immer mehr Menschen bereit sind umzusteigen und Verlader ihre Güter über die Schiene versenden, tun aber alles ihnen Mögliche zur gleichzeitigen Verhinderung von dafür essentiellen Bahnprojekten wie Stuttgart21, doppelgleisige Anbindung JadeWeserPort oder Y-Trasse Hannover- Nordseehäfen. Genauso bei der Wasserstraße: Sie wollen eine stär- kere Verlagerung der Transporte von der Straße auf die Wasserstraße, unternehmen aber alles ihnen Mögliche, dafür essentielle Großbaumaßnahmen am Wasserstraßennetz wie Donauausbau in Bayern, Hafen Köln-Godorf am Rhein oder Wasserstraßenanschluss Leipzigs an Saale und Elbe zu verhindern.

Sie fordern den Ausbau von Lärmschutz an allen Strecken, verlieren aber kein einziges Wort zur Verlagerung extrem lärmbelästigender, überdies hochgefährlicher, vorschriftswidriger Transporte von brand- und explosionsgefährlichen Gütern von der Mittelrheinbahnstrecke auf den daneben im Verhältnis zu seinem Fassungsvermögen fast leer vor sich hin fließenden Rhein. Sie wollen den Umweltvorteil der Schiene durch den Abbau der Subventionen für den Straßen- und Luftverkehr ausspielen, vergessen dabei aber, das bei einer erklecklichen Zahl von Wasserstraßenrelationen der Umweltvorteil des Schiffes den der Schiene bei weitem übertrifft.

Sie wollen die Umwelt- und Gesundheitskosten allen Verkehrsträgern anlasten und vergessen dabei, dass das Schiff im Normalverkehr mit keinem Cent für Umwelt- oder Gesundheitskosten von irgendjemandem volkswirtschaftlich relevant verantwortlich zu machen ist.

Sie wollen nicht Transporte an sich grün machen, sondern nur den Bahnstrom. Bis 2030 wollen sie ihn zu hundert Prozent aus erneuerbaren Energien gewinnen, um die Schiene zum Nullemissionsverkehr zu machen. Sie verhindern aber gleichzeitig die Nutzbarmachung einer der am wenigsten problembehafteten Erzeuger erneuerbarer Energie, die Wasserkraft. Am Neckar werden angebliche Bürgerinitiativen gegen die Nutzung des Gefälles von 160 Meter des Flusses von Stuttgart bis Mannheim – so hoch wie das Ulmer Münster – mobilisiert, an der Donau haben sie den Bau von zwei Wasserkraftwerken in Bayern erfolgreich verhindert, die in der Lage gewesen wären, einen ganz erheblichen Teil zum fossilfreien Energiemix in Deutschland und vor allem für die Bahn beizutragen.

Sie träumen von einem Jahr 2030, in dem Güter und Personen nahezu emissionsfrei transportiert würden, Güterzüge europaweit mit Flüsterbremsen ausgestattet, die Lärmsanierung entlang hoch belasteter Bahnstrecken 2020 abgeschlossen wären, Transporte von der Straße auf die Schiene verlagert werden sollen, der Güterverkehr auf der Schiene sich seit 2010 verdoppelt und ein Ende des Wachstums nicht in Sicht sein soll, da der Bahntransport nicht nur ökologischer sondern für die Spediteure auf vielen Relationen und für alle Gütergruppen auch wirtschaftlicher als der Straßentransport wäre. Dabei blenden sie aus, dass der Wasserstraßentransport, vielleicht mit Ausnahme des Rheins, dann ansonsten in Deutschland komplett eingestellt wäre, obwohl er all die mit Milliarden-Aufwand herbeigezwungenen Umbauten an Bahnnetz und Bahntechnik im Vergleich dazu quasi zum Nulltarif angeboten hat und noch viel besser bis dahin angeboten haben würde.

„So könnte", schließt die grüne Zukunftsphantasie, „das System Eisenbahn in Deutschland im Jahr 2030 aussehen." Damit es so kommt, müssten entscheidende politische Weichenstellungen vorgenommen werden, die die Grünen nicht zögern würden umzusetzen, sollten sie im Herbst 2013 an der Macht beteiligt werden.

Wie wahrscheinlich ist es nun, dass die Szenarien der Grünen tatsächlich nach 2013 umgesetzt werden? Wie nachhaltig sind all diese schönklingenden Forderungen der Grünen? Kann man sich wirklich darauf verlassen, dass sie meinen, was sie fordern, und es umsetzen, auch wenn Parteiraison und Wahlkalkül dagegen sprechen?

Wie groß ist die Wahrscheinlichkeit, dass all die hehren Vorstellungen und Forderungen der Grünen zu Wasserschutz, Wasser- und Wasserstraßenbau letzten Endes ideologisch zu Makulatur werden?

Hier vermittelt schon eine Grobanalyse des Parteiprogramms und des mit viel öffentlicher Begleitmusik hochgejubelten angeblichen Mitgliederentscheids am 8. und 9. Juni zur Bundestagswahl 2013 zusätzliche Einblicke in die Nachhaltigkeit grüner Versprechungen auch in Bezug auf den Hochwasserschutz.

Bei diesem Mitgliederentscheid sollten erstmals alle über sechzigtausend Parteimitglieder der Grünen mitbestimmen, welche Projekte die Parteiführung als erstes anpacken soll, sollte die Bundestagswahl 2013 den Grünen eine Regierungsbeteiligung ermöglichen. „Basisdemokratisch und transparent", wie es in einer Erklärung auf der Internet-Seite der Grünen heißt. [11]

Aus insgesamt achtundfünfzig Themen, die „im Angebot" waren, sollten in den Bereichen Energiewende und Ökologie, Gerechtigkeit sowie Moderne Gesellschaft jeweils drei Top-Themen bestimmt werden, die als erstes anzugehen seien. Um es vorwegzunehmen: In keinem dieser neun Top-Themen kommt das Wort Hochwasser oder gar Hochwasserschutz vor. Am nächsten, so könnte man interpretieren, käme diesem noch das Projekt 1, hundert Prozent erneuerbare Energien, am zweitnächsten, weil eventuell Wasserstraßen und Verkehr berührend, das Projekt „Bahn attraktiver machen", das aber erst an die vierte Stelle gewählt wurde.

Weitere Top-Projekte betreffen so augenscheinlich hochwasserschutzferne Probleme wie Massentierhaltung, Wirtschaftswachstum, Mindestlohn, Medizin, Finanzmärkte, Rüstungsexporte und Menschenrechte, Betreuungsgeld oder Rechtsextremismus. Unter ferner liefen an eventuell hochwasserschutznahen Problembereichen Energiewende, Klimaschutz, Heimat von Storch und Laubfrosch, Umweltverbund ausbauen, Verkehrs- und Fluglärm, Elektromobilität, Luftreinhaltung, Gesundheitsschutz, Zukunftsfähigkeit von Städten und Gemeinden.

Was die Grünen für den Hochwasserschutz in Angriff nehmen wollen, steht in ihrem Programm für die Bundestagswahl 2013. Darin fordern sie „nachhaltige Mobilität für alle". Doch was heißt das schon angesichts von Forderungen im Zuge von Hochwasserdiskussionen, bei denen Wasserstraßenbau als ein Träger zugleich von Mobilität und Hochwasserschutz nicht vorkommt?

Bei Großprojekten fordern die Grünen eine „frühzeitige Beteiligung der betroffenen Bürgerschaft und Zivilgesellschaft" sowie eine „ergebnisoffene Diskussion von Alternativen". Die aktuelle Entwicklung von Stuttgart21 zeige zudem, dass es von Anbeginn eines ehrlichen Umgangs mit Kosten, Risiken und Umweltauswirkungen auf Grundlage der tatsächlichen Kapazitäten bedürfe. Mag sein, solange die nicht auf eine gänzliche Verhinderung solcher Projekte hinausliefe.

Eigentlich kann man darauf verzichten, das Wollen der SPD hier näher auf seine Tauglichkeit zur Bewältigung künftiger Transportvolumina zu untersuchen. Es gibt einige Kräfte in der Partei wie die verkehrspolitischen Sprecher der SPD-Bundestagsfraktion Gustav Herzog oder Uwe Beckmeyer, die durchaus ideologiefrei die Vorzüge eines intermodalen Verkehrs unter Korrektur der Unterbewertung des Binnenschiffs erkannt haben und das ihnen Mögliche tun wollen, um einer vorausschauenden vernünftigen Politik den Weg zu ebnen. Auf einer Veranstaltung der SPD-nahen Friedrich-Ebert-Stiftung 2011 in Eberswalde zum Thema „Ein leistungsfähiges Bundeswasserstraßennetz?" hatte Beckmeyer gesagt, Wasserstraßen erschlössen die Regionen und gäben ihnen Perspektive. Sie stellten „eine saubere und sichere Alternative zu Straßen und Schienenwegen dar". An dieser Stelle zu sparen, wäre ein „großer Fehler". „Wenn eine große deutsche Reederei wie die Deutsche Binnenreederei Investitionen zurückstellt, kann etwas mit der Verkehrspolitik nicht in Ordnung sein", so der SPD-Politiker. [12]

Doch Leute wie Herzog und Beckmeyer bilden in der Partei eine erschreckende Minderheit. Mehrheitsfähig dürften demnach in der SPD auf lange Sicht nur Positionen sein, die antimaritime Naturschützer und grüne Politiker vorsagen.

So geloben auch die Sozialdemokraten, mehr Verkehr auf Schiene und Binnenschiff bringen und die Zahl der Staus auf Deutschlands Straßen „drastisch" verringern zu wollen. Zu diesem Behufe wollen sie im Falle ihrer Regierungsbeteiligung ein Nationales Verkehrswegeprogramm auflegen, in das dereinst achtzig Prozent der Neu- und Ausbaumittel fließen und so die Engpässe an hoch belasteten Verkehrsachsen schnellstmöglich beseitigt werden sollen.

Um die Kapazität für den Schienengüterverkehr bis 2030 auszuweiten, wollen sie die Schienenanbindung der See- und Binnenhäfen verbessern; in wieweit das eine eventuelle Vernachlässigung der Strecken zu den Seehäfen in Belgien und Niederlande impliziert, ist offen.

Auch hier lassen sich die gleichen Widersprüche entdecken wie bei den Grünen: Entlastung von Umwelt und Straßenverkehr, aber keine Konzepte zur Verlagerung von Transporten auf die Wasserstraße, Widerstand gegen Großbauprojekte der Wasserwege in Bayern, am Rhein, an der Elbe ober- und unterhalb von Hamburg etc., Geldmittel in Infrastruktur nur der Schiene und von Bahnhofssanierungen.

Ein Transport-Tsunami entsteht

Was die Träumereien der antimaritimen Politiker für die Zukunft bedeuten würden, kann man sich ausmalen, wenn man sich einmal vor Augen hält, wie unsere Transportbedarfe früher waren, wie sie heute sind und wie sie morgen sein werden und warum. Ein eindrucksvolles

Szenario zeichnet hier die vom niederländischen *Bureau Voorlichting Binnenvaart* (BVB) in Zusammenarbeit mit zwei anderen europäischen Organisationen der Binnenschifffahrt, der *Expertise en Innovatie Centrum Binnenvaart* (EICB) und der *European Barge Union* (EBU) herausgegebene Publikation „Die Zukunft des Güterverkehrs und der Binnenschifffahrt in Europa". [13] Danach bietet ein moderner Supermarkt heutzutage etwa zwölf- bis fünfzehntausend unterschiedliche Artikel an. Vierhundertundsechzig Millionen Verbraucher in Europa betrachten dieses riesige Angebot als völlig normal, Knappheit gebe es für sie im Grunde nicht. Kaum jemand mache sich Gedanken darüber, welche Abläufe hinter dieser scheinbar ohne Kapazitätseinschränkung möglichen Verfügbarkeit von Produkten stecken.

Schuld an dieser Gedankenlosigkeit trägt für die BVB-Autoren das reibungslose Funktionieren der Transport- und Logistikabläufe. Wirtschaftliche Gesetzmäßigkeiten hätten dafür gesorgt, dass Produktion und Transport von Gütern so gut funktionieren. Bei möglichst niedrigen Kosten würden möglichst hohe Erträge erwirtschaftet.

Kritische Verbraucher, wie sie sich von den Grünen politisch vertreten fühlen mögen, legen nun immer mehr Wert auf Nachhaltigkeit. Cees J. de Vries, Geschäftsführer *Koninklijke Schuttevaer* und Sekretär des BVB: „Sie wollen Garantien dafür, dass ihre Produkte unter akzeptablen Bedingungen hergestellt und transportiert werden."

Der Nordwesten Europas mit den Niederlanden und den deutschen Bundesländern Schleswig-Holstein, Hamburg, Bremen, Niedersachsen und Nordrhein-Westfalen ist wegen seiner geografischen Lage am Meer und am Mündungsbereich großer Flüsse seit alters her eine Handelsregion. Diese Position hat die wirtschaftliche Entwicklung stark geprägt. Sie hat der BVB-Schrift zufolge aber auch dazu beigetragen, dass eine Vielzahl von Warenströmen aus europäischen Herkunftsländern und mit Zielen innerhalb Europas über die Häfen an den Küsten von Nordsee, Ärmelkanal und Atlantischem Ozean zwischen Hamburg und Le Havre abgewickelt werden. Dies führe zu einer hohen Belastung des verfügbaren Raumes und der Umwelt.

Der Anspruch der Menschen in Westeuropa ist ziemlich hoch. Sie möchten zu jedem beliebigen Zeitpunkt über jedes gewünschte Produkt verfügen können. Dieser Anspruch wird, so die Verfasser der BVB-Schrift, von einer vorgeblich ebenso ununterbrochen verfügbaren Industrie genährt. Dass dafür ebenso qualitativ hochwertige Industrien vorgehalten werden müssen, um diese Produkte zu erzeugen, herzustellen, zu bearbeiten und anschließend zu den gewünschten Bestimmungsorten zu transportieren, werde meistens nicht in den Vordergrund der allgemeinen Wahrnehmung gestellt. Der Prozess vom Ursprung eines Produktes über Bearbeitung, Verpackung, Lagerung, Umschlag und Transport zu seiner Endbestimmung bzw. zum Verbraucher, die Lieferkette oder *Supply Chain* werde vornehm im Verborgenen gehalten. Die alte Weisheit, Klappern gehört zum Handwerk, sie gilt hier nicht.

Die BVB-Schrift zieht den Vergleich mit der Vergangenheit. In der Schule lernte man, Orangen kommen aus Spanien, Kaffee aus Brasilien und Oliven aus Italien oder Griechenland. Das hat sich, so die BVB-Verfasser, grundlegend geändert. Spargel kommen heutzutage beispielsweise aus Peru, Frühlingszwiebeln aus Nigeria, Blumen aus Ostafrika und Schuhe oder Kleidungsstücke aus China oder Vietnam. Produkte, auch wenn sie teilweise natürlichen Ursprungs sind, durchlaufen immer einen komplizierten technologischen Verarbeitungsprozess. Ehe die Endprodukte vor Ort im Geschäft liegen, haben sie oftmals einen langen Weg zurückgelegt.

Unternehmen kaufen hierfür weltweit in hohen Stückzahlen Produkte ein, bearbeiten und verpacken sie, transportieren und verkaufen sie. de Vries: „Es gibt kein anderes System, um alle Münder in der westlichen Welt stopfen zu können."

Man kann zu diesem weltweiten Netzwerk vom An- und Verkauf von Waren stehen, wie man will, man kann seine Nachteile für Umwelt und Natur bedauern oder sich über diese Art von Unternehmen als eine Garantie einer hochwertigen Qualität zu einem relativ niedrigen Preis beklagen. Es nützt nichts: schlechte Qualität würde sehr bald Imageschäden zur Folge haben. Qualität und Sicherheit unserer Lebensmittel seien daher heutzutage um vieles besser als noch vor einigen Jahrzehnten. Auch die Informationen über das Produkt, seine Herkunft, seine Bearbeitung und sein Nährwert würden kontinuierlich verbessert.

Die BVB-Schrift führt als Beispiel dafür norwegischen Lachs an. Früher, als der Lachs noch wild gefangen wurde, musste er vor dem Verkauf auf Geschmack und Qualität überprüft werden. Von den einstmals wild gefangenen Lachsen wurde meist nur einer von drei Fischen nicht beanstandet. Der Großteil der heutzutage im Geschäft erhältlichen Lachse wurde gezüchtet, in großen, runden Schwimmbecken im Meer. Dadurch sind ihr Geschmack und Qualität nahezu identisch. Sie unterscheiden sich darin übrigens auch kaum von wildem Lachs, der auf diese Weise besser geschützt werden könne.

Riesengarnelen und Gambas führen ebenfalls in aller Welt die Speisekarten an. Wer einmal durch Thailand oder Vietnam gereist ist, wird entlang der Küste hunderte von Zuchtbecken bemerkt haben. Aus ihnen stammen in der Regel die Schalentiere, die wir nachher in allen Restaurants der Welt Tag für Tag im Überfluss angeboten bekommen. Das System funktioniert auch in entgegengesetzter Richtung. Schweinehaxen oder Schweineohren sind auf dem westeuropäischen Markt nahezu unverkäuflich, in Asien und Afrika Delikatessen.

So pendeln zahllose Schiffe, beladen mit allen möglichen Produkten zwischen den Kontinenten hin und her. Wenn ein Bauer in Nigeria oder Peru für Geschäfte in Europa Frühlingszwiebeln oder Spargel anbaut, bedeutet dies für die BVB-Autoren die Verlegung eines Stückchens Wohlstand nach Afrika und Südamerika. Dank moderner Techniken könnten Produkte an entfernten Teilen der Erde gezüchtet und unter günstigen Klimabedingungen transportiert werden, sodass der Reifungsprozess während des Transports zum Stillstand kommt. Hierdurch könnten die Supermärkte seit einigen Jahren verstärkt frische exotische Obst- und Gemüsesorten anbieten.

Grundlage für diesen unablässigen Warenstrom ist eine weltweit funktionierende Logistik. Der Begriff „Logistik" stammt ursprünglich aus der Kriegswissenschaft, wird aber ab 1970 auch für Planung und Durchführung von Transportdiensten verwendet. Logistik ist, kurz gesagt, die Durchführung aller Handlungen, die erforderlich sind, um ein Produkt vom Ursprungsort zum Bestimmungsort zu transportieren. Unternehmen, die sich darauf spezialisiert haben, heißen „Logistikdienstleister". Den Warentransport innerhalb eines Unternehmens bezeichnet man als „Interne Logistik". Logistik ist heutzutage ein eigener und sehr geschätzter Wissenschaftszweig.

Die Welt ist in vielerlei Hinsicht kleiner geworden, nicht nur durch das Internet, sondern gerade durch die Logistik. Es ist eigentlich unerheblich, in welchem Land der Welt etwas angebaut oder hergestellt wird; denn die Transportkosten übers Wasser sind, so der BVB, so niedrig, dass sich das kaum auf die Verkaufspreise für die westeuropäischen Verbraucher auswirkt. Mittlerweile befindet sich die Hauptproduktionsstätte der Welt in Asien, insbesondere in den Ländern China, Vietnam und Indien. Ein weiterer wichtiger Produktionsort liegt weniger weit weg, in Osteuropa. Künftige Hoffnungsträger sind die Länder Südamerikas. Die Verfasser der BVB-Schrift halten eine Produktionsverteilung für unerlässlich, wenn die rund 6,79 Milliarden [14] Menschen auf dieser Welt ausreichend ernährt werden sollen. Transporte seien somit unvermeidlich. Hier kündigt sich vor allem für Europa ein regelrechter Transport-Tsunami für die nächsten fünfzehn bis zwanzig Jahre an.

Mitte 2008 wurden große Teile der Welt von der Finanzkrise erfasst. Sie hat im ersten Quartal 2009 zu einem Rückgang der wirtschaftlichen Aktivitäten und des Welthandels um fünfzehn bis zwanzig Prozent geführt. Infolge davon sind dem BVB zufolge die Gütertransporte über die Weltmeere, der Umschlag in den Seehäfen und die von hier aus durchgeführten Hinterlandtransporte plötzlich stark eingebrochen.

Erfahrungsgemäß würden die während der Rezession erzeugten Verluste im Gütertransport anschließend durch ein zusätzliches Wachstum über einen Zeitraum von anderthalb Jahren wieder gut gemacht. Je mehr Teile der Welt an der Produktion und der Erzeugung der Produkte beteiligt sind, desto besser werde letztendlich die Verteilung des Wohlstands sein. Theoretisch müsste nach Auffassung der BVB-Autoren die weltweite Produktion genügend einbringen, um die gesamte Menschheit ernähren und kleiden zu können. Durch eine weltweite Produktionsverteilung ergeben sich für die wenig entwickelten Gebiete mehr Chancen als Risiken.

Das alles mag man gut oder schrecklich finden, den BVB-Autoren zustimmen oder nicht – man sollte allerdings nicht wie die antimaritimen Weltzurückdreher die Augen vor dem entstehenden Transport-Tsunami verschließen.

Die verschlungenen Wege des Tsunamis

Export fährt über Rotterdam

Welche Wege nimmt nun dieser Transport-Tsunami? Ein zunehmender Teil der Produkte unseres täglichen Bedarfs wird über den Seeweg herangebracht. Im weltweiten Güterverkehr nimmt die Luftfracht nur einen geringen Prozentsatz ein. In den großen Seehäfen werden pro Stunde durchschnittlich eintausend Container beladen oder gelöscht – eine Verdoppelung im Vergleich zum Stand vor zehn Jahren. Nach 2020 wird sich Schätzungen zufolge diese Zahl verdreifacht haben.

2009 ist exemplarisch für einen Zeitraum, in dem die Weltwirtschaftskrise für einen beträchtlichen Rückgang im Seecontainertransport gesorgt hat und wahrscheinlich um fünfzehn bis zwanzig Prozent eingebrochen ist. Seit 1945 hat es in Krisensituationen noch nie einen Rückgang des gesamten Güterverkehrs um mehr als zwanzig Prozent gegeben.

Der Bedarf an grundlegenden Verbraucherprodukten bleibt auch in Krisenzeiten unverkürzt bestehen. Die Krise macht sich am stärksten bemerkbar in der Stahl- und in der Folge davon der Autozulieferindustrie und damit im Bereich der Erztransporte, gefolgt vom Wohnungsbau und dem damit zusammenhängenden Transport von Sand und Kies.

Die weltweiten Warenströme werden über einige wenige Hauptrouten abgewickelt. Auf den Strecken Asien-Nahost-Europa fungieren die Häfen Schanghai und Shenzhen in China sowie Rotterdam, Hamburg, Antwerpen und Le Havre in Europa als die größten Umschlaghäfen. Als Transithäfen haben sich insbesondere Hongkong, Singapur und Dubai positioniert. Sie sind Drehscheiben für weltweite Warenströme.

Auf dem europäischen Festland ist die Situation von Rotterdam, Amsterdam und Antwerpen mit der Lage in Hongkong und Singapur in Asien vergleichbar. Die Häfen sind Dienstleister in den Warenströmen durch ganz Nordwesteuropa und deswegen von immenser Anziehungskraft auf andere Wirtschaftszweige.

Für das europäische Hinterland von besonderer Bedeutung ist der Mündungsbereich der großen europäischen Flüsse Rhein und Maas. Das jährliche Warenaufkommen des Rheins beträgt dreihundert Millionen Tonnen. Es wäre unmöglich, diese Mengen unter den gegenwärtigen Umständen von Hamburg oder Le Havre aus über Schiene oder Straße an- und abzutransportieren. Anders ausgedrückt: Lägen Antwerpen, Rotterdam und Amsterdam nicht so günstig am Meer und am Rhein, hätten sie auch nicht einen so großen Vorsprung vor anderen Seehäfen in diesem Teil Europas. Diese haben in anderen Punkten wie der Straßen- und Schieneninfrastruktur vergleichbare Dienstleistungen und Möglichkeiten zu bieten.

Nirgendwo in der Welt konzentrieren sich die Warenströme so massiv wie auf dem Rhein. Nur deswegen konnten sich die Niederlande zum Zugangstor Europas entwickeln. Derzeit wird weniger als ein Viertel der verfügbaren Kapazitäten des Rheins genutzt. Dank der Reservekapazitäten des Rheins von rund siebenhundert Prozent und der anderen Wasserstraßen von einhundert Prozent ist auf lange Zeit eine mühelose Abwicklung des Gütertransports über das Wasserstraßennetz garantiert.

Über den Rhein und die anschließenden Flüsse und Kanäle sind auch die großen Industriegebiete im Norden und Süden Deutschlands, im Norden der Schweiz und im Nordosten Frankreichs für von den großen Seeschiffen abgewickelte Transporte erreichbar, über die Maas und die anschließenden Wasserstraßen Belgien, Luxemburg und zumal durch den geplanten *Canal Seine Nord Europe* (CSNE) Nordfrankreich und der Großraum Paris.

Über den Main-Donau-Kanal gelangen Schiffe vom Rhein in die Donau. Vor allem dadurch sind auch die größeren Industriegebiete in Österreich, der Slowakei, Ungarn, Kroatien, Serbien, Rumänien und Bulgarien übers Wasser mit größeren Schiffen von der Nordsee her erreichbar. Über die Elbe und die Oder werden wiederum Industriegebiete in Österreich, Deutschland, Polen und Tschechien angefahren.

Noch Zukunftsmusik ist, die Elbe und die Oder über einen neuen Kanal mit der Donau zu verbinden und so eine neue transeuropäische Wasserstraßenverbindung zu schaffen. Andere europäische Länder mit Binnenschifffahrt sind Italien, Finnland, Schweden, Russland und die Ukraine. Es betrifft hier jedoch isolierte nationale Wasserstraßensysteme, die, abgesehen vom Meer, keine Anbindung an das europäische Netzwerk haben. Außerhalb Europas gibt es weltweit noch gut dreißig andere Länder, die die Binnenschifffahrt einsetzen könnten.

Für die Zukunft schließt de Vries daraus, dass es kaum oder keine greifbaren Behinderungen für einen noch schnelleren Ausbau des Transports über die europäischen Flüsse gibt. Ein kontinuierlicher Ausbau des Transports über Nordwesteuropa wird also noch viele Jahrzehnte möglich sein, ohne dass dafür zusätzliche Straßen angelegt werden müssen.

Dreh- und Angelpunkt ist dabei aufgrund seiner geografischen Lage an der Mündung von Rhein und Maas Rotterdam. Es ist der größte Umschlaghafen Europas und wird das auf absehbare Zeit auch bleiben. Hier können die tiefsten Seeschiffe der Welt anlegen und der Hinterlandtransport lässt sich über den Rhein und die anschließenden Wasserstraßen fast ohne Kapazitätseinschränkungen und Staus bis tief ins europäische Festland hinein durchführen.

Wirklich den Wert des Binnenschiffs erkannt haben deshalb naturgemäß wieder einmal die Niederlande. Sie machen wie so oft im Transportgeschäft den Vorreiter. Deutschland ist das wichtigste Hinterland für die niederländischen Nordseehäfen, neben Rotterdam in erster Linie Zeebrugge, Antwerpen und Amsterdam, zusammen auch als ZARA-Häfen bezeichnet. Hier laufen die Vorbereitungen auf Hochtouren, den deutschen Seehäfen das Wasser in Sachen Binnenschifffahrt beizeiten abzugraben. Mit wichtigen Signalen für die Verladerschaft im deutschen Hinterland. Sie müssen sich ebenfalls Gedanken darüber machen, wie man den bislang vernachlässigten, weil in seinen Möglichkeiten oft ver- oder sogar überhaupt nicht bekannten Verkehrsträger Binnenwasserstraße und Binnenschiff in die Transport- und Logistikstrategie einbezieht.

Sie haben künftig keine andere Wahl. Dafür sorgt Rotterdam. Für den gerade neu in Betrieb genommenen Rotterdamer Hafen Maasvlakte 2 sowie auf der bereits bestehenden Maasvlakte 1 wird künftig ein *Modal Split* von An- und Abfuhr der Transporte zu 45 Prozent mit dem Binnenschiff, Straße 35 und Schiene 20 Prozent vorgeschrieben sein. Wer sich nicht daran hält, für den ist das Schiff abgefahren.

Verkehrskollaps auf Raten

Unterschiedliche Modelle sagen dem Güterverkehr in Europa ein kräftiges Wachstum voraus. Wie sich dieses Wachstum auf die einzelnen Verkehrsarten aufteilen wird, ist pro Modell unterschiedlich. Beide Modelle der EU-Kommission, sowohl das der Generaldirektion Transport und Energie (DG TREN) als auch das Tremove-Modell gehen von einem Zuwachs der Transportleistung aller Verkehrsarten gegenüber 2005 um 52 Prozent auf 3.800 Milliarden Tonnenkilometer im Jahr 2030 aus, Das erste von beiden sieht einen Anteil des Binnenschiffs von zehn (Straße 75 und Schiene 15 Prozent), das andere von nur fünf Prozent (82, 12) voraus. Der europäischen Binnenschifffahrt wird bis 2030 ein Wachstum von 38 Prozent im Vergleich zur gegenwärtigen Transportkapazität vorausgesagt.

Der Anstieg des Güterverkehrs ist fest mit dem wirtschaftlichen Wachstum verbunden. Aufgrund dieses Trends prognostiziert die EBU für 2020 eine Verdoppelung des Güterverkehrs.

Ebenfalls einen Anstieg des Güterverkehrs um knapp fünfzig Prozent für die Zeit von 2004 bis 2025 prognostiziert ein vom Bundesministerium für Verkehr, Bau und Stadtentwicklung (BMVBS) beauftragtes Forschungskonsortium unter Federführung von Intraplan Consult (München).[15]

Kernstück der Arbeiten bildet die Erstellung der räumlichen Verflechtungsmatrizen auf Kreisebene im Personen- und im Güterverkehr für die Jahre 2004 (Analyse) und 2025 (Prognose). Hierfür wurde erstmals ein integriertes Verkehrsnetz für die Verkehrsträger Straße, Schiene, Wasserstraße unter Einbeziehung von Häfen und Flughäfen als Verknüpfungspunkte erstellt, das auch die Abbildung des Kombinierten Verkehrs (KV) ermöglicht.

Danach ergibt sich für den Güterverkehr folgendes Bild der Verkehrsentwicklung bis 2025. Insgesamt steigen im Güterfernverkehr, d.h. auf dem für die Konkurrenz zwischen Bahn, Binnenschiff und Straßenverkehr relevanten Transportmarkt ohne Straßengüternahverkehr, das Transportaufkommen um 48 Prozent und die Transportleistung auf dem Gebiet der Bundesrepublik Deutschland sogar um 74 Prozent. Aufkommen und Leistung im Straßengüternahverkehr wachsen dagegen mit drei Prozent bzw. elf Prozent erheblich langsamer.

Sowohl im Schienen- als auch im Straßengüterverkehr wachsen der Intraplan-Studie zufolge die Transportleistungen deutlich stärker als das Transportaufkommen, so dass sich die Tendenz zu länger laufenden Transporten weiter fortsetzen wird. Im gesamten Güterfernverkehr wachsen die mittleren Transportweiten auf dem Gebiet der Bundesrepublik Deutschland um 18 Prozent von 260 Kilometer im Jahr 2004 auf 306 Kilometer im Jahr 2025. Unter Berücksichtigung des Straßengüterverkehrs im Nahbereich erhöht sich diesen Angaben zufolge die Transportweite von 151 Kilometer auf 203 Kilometer.

Die Transportintensität, ausgedrückt in Tonnenkilometer pro erwirtschaftetem Euro, steigt der Studie zufolge bis zum Prognosejahr 2025 an. Eine Entkoppelung von Wirtschafts- und Verkehrsleistungswachstum findet demzufolge – wie auch in der Vergangenheit – nicht statt. Die gleichzeitig sinkende Transportelastizität signalisiert den Forschern andererseits, dass sich diese Entwicklung einer Sättigungsgrenze nähert. Die prognostizierte Entwicklung bis 2025 sagt also eine weiter steigende Bedeutung des Transportsektors für die deutsche Wirtschaft voraus.

Der Straßengüterfernverkehr wächst beim Transportaufkommen von knapp 1,5 Milliarden Tonnen im Jahr 2004 auf 2,2 Milliarden Tonnen im Jahr 2025, was einem Wachstum von 55 Prozent entspricht. Die Verkehrsleistungen steigen um 84 Prozent von 367 Milliarden Tonnenkilometer auf 676 Milliarden Tonnenkilometer. Von dem gesamten zusätzlichen Wachstum des Güterfernverkehrs entfallen damit, so Interplan, über 80 Prozent der Zunahme von Transportaufkommen und -leistung auf den Straßengüterfernverkehr. Der Marktanteil des Straßengüterfernverkehrs erhöhe sich im Prognosezeitraum von 72 Prozent auf 76 Prozent beim Aufkommen und von 70 Prozent auf 74 Prozent bei den Leistungen.

Für den Verkehrsträger Schiene wird im Betrachtungszeitraum 2004 bis 2025 eine erhebliche Steigerung der Verkehrsleistung um insgesamt 65 Prozent, das sind durchschnittlich 2,4 Prozent im Jahr, prognostiziert. Der Marktanteil der Bahn sinkt geringfügig aufgrund des noch dynamischeren Wachstums des Straßengüterfernverkehrs bei Aufkommen und Leistung.

Der kombinierte Verkehr der Bahn kann sich im Prognosezeitraum bezogen sowohl auf Aufkommen als auch Leistung mehr als verdoppeln, was im Vergleich der Verkehrsträger einem überproportionalen Wachstum entspräche. Im Jahre 2025 werden nach der Studie ein Viertel des Transportaufkommens und ein gutes Drittel der Transportleistung der Bahn im kombinierten Verkehr erbracht.

Was dabei am meisten bestürzen muss und wozu vor allem die politischen Absichten von Grün-Rot zu allergrößten Befürchtungen Anlass gibt, ist, dass die Binnenschifffahrt unterproportional zum relevanten Gesamtmarkt wachsen wird, wenn auch deutlich stärker als im Durchschnitt der letzten zehn Jahre. Hier wurden insbesondere singuläre Ereignisse wie Niedrigwasser herausgerechnet. Transportaufkommen und -leistung würden den Prognosen zufolge gegenüber 2004 deutlich ansteigen, das Wachstum aber mit 20 Prozent bzw. 26 Prozent hinter der Entwicklung der anderen Verkehrsträger deutlich zurückbleiben, weshalb auch der relative Marktanteil im *Modal Split*, das ist die Verteilung von Transporten auf verschiedene Transportträger, sinken werde.

Des Weiteren ist eine überproportionale Zunahme von Anträgen des genehmigungspflichtigen Schwerverkehrs zu beobachten. [16]

Schlüsselerlebnis Havarie „Waldhof"

Die Bedeutung der Binnenschifffahrt für die deutsche Wirtschaft hat, wie ich in meinem Buch „Heuschrecken-Alarm an der Wasserfront" dargestellt habe, der Streik der WSV-Mitarbeiter im Sommer 2013 gezeigt. [5] Wie sehr die europäische und vor allem die deutsche Industrie von der Nabelschnur zur Welt Rhein abhängt, zeigte ihr Ausfall während der Rhein-Havarie bei St. Goarshausen im Januar des Jahres 2011. [17]

Ein mit hochexplosivem Gas befülltes Tankschiff der Reederei Lehnkering kippt auf dem Weg von der Beladestation der BASF in Ludwigshafen nach Rotterdam um. Die dadurch verursachten Mehrkosten für die transportierende Wirtschaft blieben mit wenn auch in Millionenhöhe ganz erheblichen Umsatzausfällen für das Schifffahrtsgewerbe verhältnismäßig vertretbar. Der Bundesverband der Deutschen Binnenschifffahrt e.V. (BDB) beziffert die durchschnittlichen Umsatzausfälle eines Rheinschiffes je nach Typ und Größe auf bis zu viertausend Euro pro Schiff und Tag.

Aber weit schlimmer waren die Auswirkungen des Schiffsunfalls für die Industrie. Knapp zweihundert Millionen Tonnen Güter werden dem BDB zufolge jährlich auf dem Rhein befördert. Die teilweise Sperrung dieser wichtigsten Wasserstraße hatte daher gravierende

Auswirkungen auf die Logistik in Europa. Nicht nur in der chemischen Industrie und im Containerverkehr mussten wegen des Unfalls andere Ver- und Entsorgungsmöglichkeiten in Anspruch genommen und Güter teilweise auf andere Verkehrsträger verlagert werden.

Und selbst wenn beispielsweise BASF oder Mercedes-Benz ihren durch den Unfall verursachten Mehraufwand als überschaubar versuchten herunterzuspielen, waren hierfür doch nicht unbeträchtliche, aus früheren Erfahrungen etwa bei Hoch- oder Niedrigwasserperioden gewonnene Vorkehrungen für solche Ausnahmesituationen getroffen worden, Ausnahmevorkehrungen, die als Regelmaßnahmen undenkbar wären.

Der BASF-Landeshafen Nord ist seit dreiunddreißig Jahren in Ludwigshafen Umschlagplatz für brennbare Flüssigkeiten wie Naphtha, Methanol und unter Druck verflüssigte Gase. 2008 haben hier Firmenangaben zufolge 2.536 Tankschiffe angelegt und annähernd 2,86 Millionen Tonnen Güter umgeschlagen. Für den BASF-Standort Ludwigshafen ist dieser Hafen und damit der Rhein als Transportweg auf die Märkte der Welt von zentraler Bedeutung. Insgesamt wickelt das Unternehmen rund 42 Prozent des Gesamtumschlags über Binnenschiffe ab.

Neben dem Nordhafen verfügt die BASF über zwei weitere Häfen, den Stromhafen für schwer brennbare Flüssigkeiten und Feststoffe sowie den Hafen der Friesenheimer Insel für brennbare Flüssigkeiten.

Auch Mercedes-Benz in Untertürkheim konnte auf Ausweichmaßnahmen zurückgreifen, die im Normalfall zur Bewältigung der anstehenden Transportbedarfe des Unternehmens standhalten würden. Der Autobauer hat in den letzten Jahren seine gesamte globale Ablieferlogistik am Stuttgarter Hafen gebündelt.

Der Zentralversand im Stuttgarter Neckartal ersetzt die jeweiligen Versandbereiche der sieben Werkteile. Seit seiner Fertigstellung im Jahr 2007 verlassen Achsen, Getriebe und Motoren das Werk über das neue Gebäude in die ganze Welt. Nach Inbetriebnahme des Zentralversands stieg der Anteil alternativer Verkehrsträger wie Binnenschiff und Bahn auf knapp 75 Prozent an.

Durch die Bündelung ergaben sich zudem weitere Synergien. Im Vergleich zu früheren Prozessen kann den Angaben des Unternehmens zufolge dieselbe Menge an Aggregaten mit weniger Gabelstaplern, reduziertem Lagerraum und weniger Verkehr bewerkstelligt werden. Dies ermöglichte Einsparungen von insgesamt 7,5 Millionen Euro jährlich, was Kosteneinsparungen von über 30 Prozent entspricht.

Derzeit sind 330 Mitarbeiter im Mercedes-Benz Zentralversand tätig. Sie stellen sicher, dass interne Abnehmer weltweit wie Mercedes-Benz US-International in Tuscaloosa, USA, oder Beijing-Benz DaimlerChrysler in Peking, China, mit Antriebskomponenten versorgt werden. Im Jahr 2008 wurden aufgrund der Einbindung des Transportweges Rhein über fünftausend Lkw-Fernfahrten zu den Häfen Rotterdam und Bremerhaven eingespart werden – eine Reduzierung von etwa fünftausend Tonnen CO_2 jährlich.

Dauerstress im Mammutstau

Über die absehbar wachsenden Transportbedarfe bestehen somit kaum Zweifel. Trotzdem wehren sich einige Interessengruppen immer noch hartnäckig dagegen. An die Spitze dieses Zuges der Binnenschifffahrtsgegner hat sich die antimaritime Allianz gesetzt. Sie reicht von selbsternannten und organisierten Naturschützern über grüne Nachbeter der sogenannten 68er Revolution und linken Gruppierungen jeglicher Couleur bis in die Reihen der Unionsparteien und zu den Statthaltern der allmächtigen Lkw-Industrie.

Gerade diese hat alle Hände voll zu tun, ihre Klientel von der alleinseligmachenden Sinnhaftigkeit des Transportmittels Lastkraftwagen zu überzeugen und bei der Stange zu halten. Keine leichte Aufgabe bei Zahlen, die hinten und vorne nichts Gutes am Lkw lassen.

So rechnet der Allgemeine Deutsche Automobil-Club (ADAC) unter der Schlagzeile „Dauerstress im Mammutstau" noch in der Februarausgabe 2013 seiner Mitgliederzeitschrift „Motorwelt" [18] vor, dass jeder deutsche Autofahrer jährlich geschlagene acht Tage, eine ganze Woche also, im Stau verbringt. Als Ursache macht der Club nicht mehr eine chronische Überlastung von Deutschlands Autobahnen und Fernstraßen aus, sondern schlichtweg den „tagtäglichen Infarkt". „Motorwelt" wörtlich: „Es ist ein Kollaps mit Ansage." Von Jahr zu Jahr nehme der Lkw-Verkehr auf den Autobahnen um rund vier Prozent zu. In zwölf Jahren, so rechnen die Automobilisten unter

Berufung auf regierungsamtliche Prognosen vor, werde die Transportleistung um sechzig Prozent höher liegen als noch im Jahr 2010. Der Pkw-Verkehr werde dagegen nur noch moderat wachsen.

So, und nun wird es gar zu toll. Wer nämlich jetzt annimmt, dass der ADAC daraus den nächstliegenden Schluss zöge, dass, wenn die Lkw schon als Ursache für die katastrophale Stausituation auf den Straßen ausgemacht sind, eben einfach die Lkw von der Straße heruntermüssten, damit sich die Situation ändern könnte, sieht sich getäuscht.

Dabei darf man nie vergessen: der ADAC ist eindeutig seiner Klientel verpflichtet, dem Pkw-Fahrer. Von ihm bezieht er seine Mitgliederbeiträge, an ihn wendet er sich mit seiner „Apotheken-Rundschau für Sonntagsfahrer" (Branchenjargon), der „Motorwelt". Und deswegen fordert er auch nicht, „Lkw runter von der Straße", sondern – Achtung, jetzt kommt's: „Unsere Fernstraßen brauchen Platz." Die Logik, die dahinter steht: Wenn die Lkw so viel Platz brauchen, dass sie Staus verursachen, muss man eben die Autobahnen von jetzt sechs oder acht Spuren auf zwölf oder sechzehn Spuren ausbauen, damit alle nebeneinander fahren können und so niemand mehr einen Stau verursacht.

Anders ausgedrückt: Sinn ergibt die Feststellung über die platzverschlingenden Lkw nur, wenn sie direkt mit dem Ansteigen der Transportleistung in Verbindung gebracht wäre. So dumm ist der ADAC aber nicht, dass er diese Feststellung von sich aus träfe. Denn das hieße, dass der ADAC eine Entlastung der Fernstraßen vom Lkw fordern müsste.

Das wiederum würde den Ruf nach einer Transportverlagerung auf andere Transportträger begründen und damit eine Verlagerung der finanziellen Mittel von den vom ADAC ausschließlich für Pkw-Nutzer geforderten Ausbaumaßnahmen der Straße weg hin zum Beispiel zur Bahn oder eben zur Wasserstraße.

Das aber will der ADAC nicht. Angesprochen darauf, schreibt mir der Fachreferent für Straßenverkehrsplanung des ADAC in München, Interessenvertretung Verkehr (VIN), Dipl.-Ing. Jürgen Berlitz [19]: „Der ADAC setzt sich satzungsgemäß für verkehrliche Belange im Interesse seiner Mitglieder ein. Dies fokussiert sich insbesondere auf den Bereich Straße." Dem ADAC ist zwar sehr wohl bewusst, dass, so Berlitz, ein „verbessertes Angebot im Bereich Wasserstraße dazu beitragen kann, Verkehre von der Straße zu verlagern".

Aber der Club zieht sich auf die Position zurück, es müsse bezweifelt werden, dass die Wasserstraßen einen Beitrag zur Entlastung der Straße leisten können. Wieder Berlitz: „Angesichts der prognostizierten Leistungszunahmen im Güterverkehr dürften die Wasserstraßen Schwierigkeiten haben, die Erwartungen zu erfüllen." Berlitz rechnet vor: „Wollte man die Straße im Jahr 2025 um nur zehn Prozent ihrer Verkehrsleistung im Güterverkehr entlasten, müsste die Wasserstraße ihre heutige Güterverkehrsleistung um 128 Prozent erhöhen."

Dass man selbst beim ADAC dies für eine Milchmädchenrechnung halten könnte, steht zu hoffen. Anlass dazu findet sich in der „Motorwelt" selbst. Dort hat der Club eine Staukarte für 2013 abgedruckt, in der auf den Staudaten des Vorjahres Einschätzungen der ADAC-Experten und Fakten zu großen Baustellen, jene Autobahnabschnitte rot markiert sind, die in diesem Jahr besonders staugefährdet sind.

Top 15 BAB-Staus

BAB	Abschnitt von	bis	Parallelwasserstraße
A1	Hamburg-Ost	Bremen	Elbe-Nordsee-Weser
A1	Kamener Kreuz	Köln West	Ruhrgebiet-Kanäle
A2	Hannover	Braunschweig	MLK
A3	Oberhausen	Köln-Ost	Rhein
A3	Wiesbaden	Nürnberg	RMD-Kanal
A5	Gießen	Basel	Rhein
A6	Mannheim	Heilbronn	Neckar
A7	Hamburg-Nord	Hamburg-Südwest	Teilverkehre Elbe
A8	Karlsruhe	Augsburg	Teilverkehre RMDK
A8	München	Salzburg	Teilverkehre RMDK
A9	Dreieck Holledau	München	Teilverkehre RMDK
A40	Duisburg	Dortmund	RHK
A57	Köln	Krefeld	Rhein
A81	Ludwigsburg	Herrenberg	Neckar
A100	Charlottenburg	Neukölln	Teil Spree/Havel

(Quelle: ADAC, eigene Recherche)

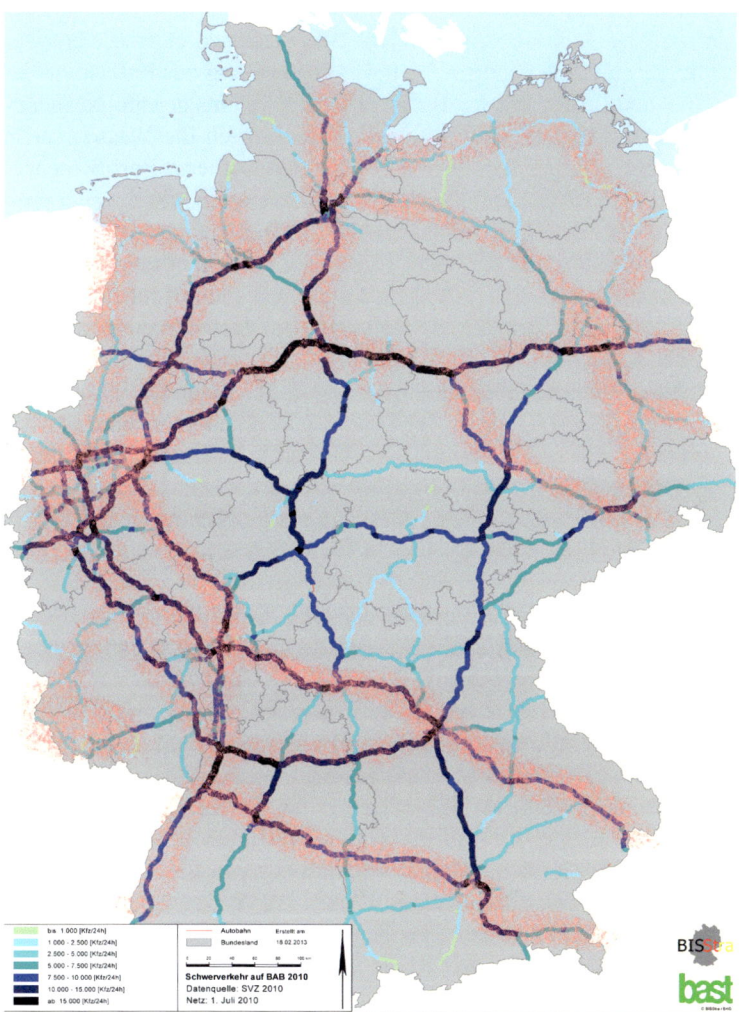

Abb. 1: Die meisten vom Schwerlastverkehr überlasteten Autobahnstrecken (rosa gesprenkelt) ließen sich ganz oder teilweise per Schiff entlasten.

Daraus hat „Motorwelt" die Top 15 Autobahn-Staus herausgefiltert *(s. Tabelle)* mit Angabe der BAB-Nummer sowie des betreffenden BAB-Abschnittes von-bis. Was das Blatt freilich nicht dazu schreibt, sind in Frage kommende parallele Wasserstraßenabschnitte, die schon heute für eine Entlastung auf den Autobahnen sorgen könnten.

Hält man diese Informationen daneben, so ergibt sich folgendes Bild: für die 15 Top-Stau-Abschnitte stünden grob überschlagen zehn mehr oder weniger parallele Wasserstraßenabschnitte, der Rest wenigstens für in Frage kommende Teilverkehre bereit, die zumindest einen Teil der mit für die Staus verantwortlichen Gütertransporte übernehmen könnten. Ein ähnliches Bild ergibt sich vor dem Hintergrund des Schwerlastverkehrs. Hierfür hat die Bundesanstalt für Straßenwesen (BASt) eine Übersicht auf Grundlage der Zahlen von 2010 erstellt *(s. Abb. 1 auf Seite 39)*.

Beispiele dafür ziehen sich quer durch die Republik. Eines wäre etwa die Relation A2 Hannover-Braunschweig mit ihren Verlängerungen nach Köln und Ruhrgebiet im Westen und Berlin und Osteuropa im Osten, für die sich eine Verlagerung auf den Mittellandkanal geradezu aufdrängt. Sie wird auch von verantwortungsvollen Unternehmen wie beispielsweise VW in Wolfsburg immer mehr ins Auge gefasst.

Eine andere typische Relation für eine Transportverlagerung auf das Wasser und damit eine abzusehende nicht unbeträchtliche Stauentlastung wäre die gesamte Relation A3 samt Nebenautobahnen zwischen holländischer und österreichischer Grenze – und damit just die Abschnitte, die von Ausbaugegnern an Donau und Rhein (Hafen Köln-Godorf) ins Visier genommen sind. Über sie könnten sogar Teilverkehre der kritischen BAB-Stauabschnitte Karlsruhe-Augsburg-München-Salzburg-Linz abgewickelt werden.

Last but not least stünden zur Entlastung von Stauzonen auf der Süd-Nord-Straßenachse Stuttgart/Basel-Rhein-Neckar/Rhein-Main-Ruhrgebiet-Hannover-deutsche Nordseehäfen mehr als ausreichende Streckenkapazitäten auf Rhein und Neckar, Ruhrgebietskanälen, Dortmund-Ems-Kanal-Küstenkanal bzw. Mittellandkanal-Weser/Elbe-Seiten-Kanal bereit. Bei fünf BAB-Stau-Abschnitten wäre eine Verlagerung auf einen in Frage kommenden Wasserstraßenabschnitt immerhin noch für Teilverkehre sinnvoll wie beispielsweise in Stadtlagen von Hamburg und Berlin.

Es geht also zunächst einmal gar nicht darum, die Verkehrsleistung im Jahr 2025 anzupassen, sondern darum, heute die Möglichkeiten zu nutzen, die da sind, und für morgen die Voraussetzungen dafür zu schaffen oder wenigstens dafür einen Anfang zu wagen.

Das sehen auch andere Automobilclubs, nicht weniger um das Wohl der Pkw-Fahrer bemüht als der ADAC, so. Der ACE Auto Club Europa e. V. beispielsweise, lässt keine Pressemitteilung oder sonstige Verlautbarung, in der er Missstände auf Straßen und Autobahnen anprangert, aus, ohne nicht als Alternative die Verlagerung von mehr Gütertransporten auf Schiene und – *nota bene!* – Wasserwege zu fordern.

So rechnet der ACE vor, dass es etwa 38.500 Lkw-Stellplätze gibt, die aber nicht reichten angesichts eines Wachstums des Straßengüterverkehrs um mehr als 80 Prozent in den nächsten zehn Jahren. [20] Um das zu schaffen, müssten, so der ACE, zusätzlich 35.000 Stellplätze eingerichtet werden. Unabhängig davon müssten kurzfristige Forderungen erfüllt werden, darunter neben der nach Behelfsstellplätzen in Autobahnnähe beispielsweise auf Geländen von Speditionen und Logistikzentren auch die nach Ausbau von Schiene und – Wasserstraßen.

Der ACE-Vorsitzende Wolfgang Rose forderte bereits 2007 zusätzliche Investitionen in die Verkehrsinfrastruktur. Straße, Schiene und die Wasserwege müssten modernisiert und ausgebaut werden. Die Transport-Branche müsse einen eigenen Beitrag zur Lösung der Probleme leisten. Derzeit liefere der Steuerzahler – und das Transportgewerbe profitiere. Jeder Lkw in Deutschland werde jährlich mit rund fünftausend Euro von der Allgemeinheit subventioniert. Der ACE ist konsequent und verlangt, „mehr Gütertransporte auf Schiene und Wasserwege zu verlagern".

Das Engagement des ACE für mehr Wasserwege ist nur logisch vor allem im Sinne von Pkw-Fahrern, kann ihnen doch schon ein Durchschnittsbinnenschiff von etwa einhundert Metern Länge eine Staukolonne von mehr als sechs Kilometern ersparen. Etwa neunzig Lkw passen auf ein solches Binnenschiff, jeder Lkw von etwa achtzehn Metern Länge. Bei einem Mindestabstand von fünfzig Metern zwischen den einzelnen Fahrzeugen auf der Autobahn wären das bei beispielsweise zehn Binnenschiffen eines Transportloses, die leicht und ohne irgendeine Staugefahr auf Rhein, Mittellandkanal oder Donau Platz finden, satte sechzig, in Zahlen 60 Kilometer – in etwa die Strecke A2 Hannover-Braunschweig parallel zum MLK –, die den Pkw-Fahrern und ACE-, aber auch ADAC-Mitgliedern an Stau auf ihrer

Autobahn nicht im Wege stünden und nicht Zeit, Geld und Nerven kosteten.

Wenn der frühere Vorsitzende der CSU-Fraktion im Bayerischen Landtag, Georg Schmid (CSU) mir in Vorbereitung des Bundestagswahlkampfes 2013 und der für seine Partei unerlässlichen Pkw-Maut schreibt, dass allein für die Bundesfernstraßen jährlich 2,5 Milliarden Euro fehlten, so kann ich nur sagen: Mit einem adäquaten Wasserstraßennetz würden sie nicht mehr fehlen und man könnte auf die Pkw-Maut gut und gerne verzichten. [21] Das Geld fehlt ja gerade deswegen, weil man jahrzehntelang nur auf den Lkw gesetzt hat.

Im Hintergrund der Industriekomplex

So rätselhaft die Abneigung von Pkw-Vereinen wie dem ADAC gegen solche Rechenbeispiele sein mag, so verständlich ist sie bei der Lkw-Branche. Am 1. Januar 2013 gab es laut Statistik des Kraftfahrtbundesamtes [22] knapp 2,6 Millionen Lkw in Deutschland. In, mit und durch Deutschland wurden im Jahre 2010, für das die aktuellsten Daten hierfür vorliegen, 390 Millionen Fahrten durchgeführt für den Transport von 3,12 Milliarden Tonnen Gütern. Insgesamt wurden dafür einschließlich Leerfahrten 53 Milliarden Kilometer zurückgelegt bei einer Beförderungsleistung von über 609 Milliarden Tonnenkilometern. [23]

Das bedeutet: Hinter diesen Zahlen steht ein gewaltiger Markt. Dem Verband der Europäischen Automobilhersteller ACEA zufolge, in dem alle namhaften Hersteller von Lkw sitzen wie DAF, Daimler, Fiat, Iveco, Renault, Volvo und mit Volkswagen MAN oder Scania, aber auch Pkw-Hersteller wie BMW, Ford, General Motors und damit Opel, Jaguar/Land Rover, Toyota und Hyundai, wurden 2007 in Europa rund 2,6 Millionen Nutzfahrzeuge hergestellt und somit von rund einer Viertelmillion direkt damit Beschäftigten sowie sechsmal so vielen indirekt in Zulieferindustrien, Vertriebs- und Händlerfirmen, Reparaturbetrieben etc. Umsätze in einer Größenordnung von insgesamt fast siebzig Milliarden Euro erwirtschaftet. [24] Zumal auch angesichts sinkender Verkaufszahlen in 2012 wird von daher verständlich, dass der Lkw-Industriekomplex kein wirkliches

Interesse an einer Transportverlagerung von der Straße auf die Schiene, mehr noch aber auf die Wasserstraße haben kann. Das von der Binnenschifffahrt immer wieder hervorgehobene umwelt- und verkehrspolitische Argument dafür, ein Schiff erspare typischerweise die Fahrt von beispielsweise neunzig Lkw, bedeutet nämlich im Umkehrschluss, dass ein Schiff, das beispielsweise 400.000 Euro kostet, dann aber auch dreißig bis vierzig oder mehr Jahre hält, die Produktion von so vielen Lkw für einen derart langen Zeitraum erübrigt.

Kein Wunder also, dass die Lkw-Lobby die landläufigen Vorteilsargumente für den Lkw eifrig am Leben zu erhalten trachtet. Eines davon ist der verbreitete Irrglaube, mit einer Verlagerung von Transporten auf den Wasserweg gingen Einbußen bei der Zahl der Arbeitsplätze in der Industrie einher. Das mag stimmen oder auch nicht; Tatsache ist aber auf der anderen Seite, dass das Ergebnis einer Verlagerung aufs Schiff unterm Strich in Bezug auf die Zahl von Arbeitsplätzen mindestens neutral wäre. So viele Arbeitsplätze, wie dadurch beim Lkw-Bau verschwänden, so viele kämen mindestens beim Transport einschließlich Umschlag, Schiffsbau, Lagerung etc. wieder hinzu.

Ein anderes Argument ist der nicht weniger verbreitete Irrglaube, mit dem Lkw komme die Ware schneller ans Ziel als mit Bahn oder Schiff. Dieses Totschlagargument hört man allenthalben wieder, wenn es darum geht, die Entscheidung beim Transport von Waren für dieses Transportmittel zu rechtfertigen.

Wenn es um regionale oder gar lokale Verkehre geht, mag das zutreffen, zumindest da, wo kein anderer Verkehrsträger zur Verfügung steht, wie etwa auf der „Letzten Meile" im Haus-zu-Haus-Verkehr. Ein viel beachtetes Gutachten des angesehenen Marktforschungsinstituts Planco aus dem Jahre 2007 zum Vergleich der verschiedenen Verkehrsträger zeigt jedoch die eindeutigen Vorteile des Binnenschiffs gegenüber den anderen beiden Landverkehrsträgern Bahn und Lkw auf darüber hinaus gehenden Relationen. [25]

Trotz einer Pattsituation zwischen Binnenschiff und Bahn in einigen Bereichen ergibt sich ein klarer Gesamtvorteil für das Schiff. Der Lkw fällt dagegen weit ab – zu teuer, zu dreckig, zu gefährlich, vor allem aber bei einigen Mengengütern und unter Berücksichtigung von Staus in der Gesamtheit eines Transportloses oft viel zu langsam. Es bleibt paradoxerweise dem Präsidenten des BDB, Georg Hötte, überlassen, in einer Fachzeitschrift das Hohe Lied auf den Lkw als „unschlagbarem" Verkehrsmittel zu singen. [26]

Nehmen wir das Beispiel Warentransport von China nach Rotterdam. In der Regel dauert er rund vier Wochen. Der Nachlauf von Rotterdam zum Beispiel nach Nürnberg darf dann nur noch ein Katzensprung von vielleicht einigen Stunden sein. Das möchte der Kunde so; und der Spediteur wird nicht dagegen argumentieren, schon aus Angst um den Auftrag. Im Gegenteil: Er bestätigt den Kunden meistens auch noch in dieser irrigen Annahme und empfiehlt den Lkw als das Transportmittel der Wahl, weil die Schnelligkeit im Nachlauf in Deutschland nur mit dem Lkw zu erreichen sei.

Das dies aber nur für den Idealfall gilt, wird dabei geflissentlich übergangen. Wenn der Lkw dann schon in oder kurz nach Rotterdam, spätestens auf der A3 im Ruhrgebiet wegen einer der maroden gesperrten Brücken oder um das Frankfurter Kreuz im Verkehrsstau stecken bleibt oder wegen Glatteises oder anderen Hindernissen ins Stocken gerät und aus den einigen Stunden ein oder zwei Tage werden, wird der Spediteur regelmäßig dem Kunden antworten, er habe das im Idealfall schnellste Verkehrsmittel empfohlen. Wenn dies dann auch verlangsamt würde, sei das Höhere Gewalt. Welches andere Verkehrsmittel hätte man denn sonst empfehlen sollen?

Experten hielten es in einer Vielzahl der Transportfälle für ehrlicher und vernünftiger, wenn der Spediteur zunächst einmal fragte: Wenn wir für den Transport schon vier Wochen auf See verbringen dürfen, ließe sich dann nicht auch das letzte Teilstück des Nachlaufes in Europa in den Gesamtlauf so einplanen, dass Eventualitäten wie Witterung, Unfälle und sonstige Staumöglichkeiten von Anfang an mit eingeplant wären? Warum muss beispielsweise bei einem Transportmengengut ohne unmittelbare Verfallsdaten wie Bekleidung, Haushaltsgeräte oder IT-Produkte die Transportvariante „wenig schnell oft" unbedingten Vorrang haben vor „viel langsam selten"? Dabei muss „wenig schnell oft" transportiert nicht unbedingt heißen, dass die Ware in der Gesamtheit eher am Ziel verfügbar ist als „viel langsam seltener" transportiert. Umgekehrt wird ein Schuh draus.

Über Sieben Brücken musst du fahren

Ein besonderes Schlaglicht auf die verfahrene Situation im Verkehrsträgermix und die Verantwortung von Rot-Grün in der Vergangenheit wirft das Problem der zunehmend maroden Brücken. Zumal bei unserem Transportbeispiel China-Nürnberg fallen sie äußerst störend auf. Wie der unaufhaltsam näher rollende Transport-Tsunami vor allem am Rhein von der Straße aufgefangen werden soll, ist angesichts der hoffnungslosen Situation an den Rheinbrücken nicht absehbar.

Jährlich wären Nordrhein-Westfalens Verkehrsminister Michael Groschek (SPD) zufolge allein für die Brückensanierung rund 420 Millionen Euro zusätzlich nötig. 375 Brücken an Bundesfernstraßen in Nordrhein-Westfalen müssen vorrangig repariert oder erneuert werden. Nach Zahlen des Landesbetriebs Straßenbau müssen mindestens 4,2 Milliarden Euro kalkuliert werden, um die großen Brücken innerhalb von zehn Jahren zu sanieren – laut Groschek siebenhundert Millionen mehr als bislang veranschlagt.

Derzeit wird die Statik der Brücken an Autobahnen und Bundesstraßen anhand zeitgemäßer Rechenmodelle überprüft. Für diese Aufgabe hat Nordrhein-Westfalen eine eigene Projektgruppe eingerichtet. Ihr Schwerpunkt liegt zunächst auf der Nachrechnung von rund 400 Brücken, die aufgrund ihres Alters, ihrer Bauweise oder der besonders hohen Verkehrsbelastung an ihre Grenzen kommen, sowie auf den ebenfalls rund 400 Bauwerken im Zuge der Hauptrouten des Schwerverkehrs (Transitnetz) wie z.B. Abschnitte der Autobahnen A1, A2, A3, A40, A42 und A57 – insgesamt eine Auswahl von rund 800 Brücken.

120 dieser Bauwerke befinden sich derzeit in der Nachrechnung. Von 49 Brücken kann man heute (Februar 2013) schon sagen, dass sie ersetzt werden müssen. Nordrhein-Westfalen betreut rund 10.000 Brücken mit einer Gesamtlänge von rund 370 Kilometern. Die neueren Bauwerke entsprechen den aktuellen technischen Standards und zukünftigen Verkehrsanforderungen. Vor allem bei den Brücken aus den sechziger und siebziger Jahren – ein Großteil der Brücken in Nordrhein-Westfalen wurde in dieser Zeit gebaut – besteht aber Handlungsbedarf. Sie sind ursprünglich für deutlich geringere Verkehrsbelastungen geplant und gebaut worden. Brücken werden in sehr kurzen Abständen von den Experten auf ihren Zustand geprüft. Da-

bei übernimmt niemand eine Garantie, dass die rund fünfzig Jahre alte Leverkusener A1-Rheinbrücke noch hält, bis der frühestens 2020 erwartete Ersatzbau fertig ist. Möglicherweise muss die alte, täglich von rund 170.000 Autofahrern genutzte Rhein-Querung vorher gesperrt werden, weil die Notreparaturen nicht mehr ausreichten. Die Ende November 2012 verfügte Sperrung der Autobahnbrücke für den Lkw-Schwerverkehr hat tagelang die Medien beschäftigt.

Immerhin: Laut Groschek hat sich die Gesamt-Staulänge im Transitland Nordrhein-Westfalen in den vergangenen neun Jahren von damals über 80.000 auf jetzt etwa 55.000 Stau-Kilometer pro Jahr verringert. „Auch wenn es einem, wenn man täglich im selben Stau steckt, nicht so vorkommt", so der SPD-Politiker.

Finanzielle Hilfe für die Verbesserung der Verkehrsinfrastruktur ist vom Bund nur in äußerst beschränktem Umfange zu erwarten. Der Gesamtetat für die Bundesverkehrswege werde um ein Drittel auf 15 Milliarden Euro aufgestockt, kündigte der Staatssekretär des Bundesverkehrsministeriums, Enak Ferlemann, an. Allein die Mittel für die Sanierung und den Erhalt von Brücken seien auf 900 Millionen Euro verdreifacht worden. Von den neuen Schwerpunkten werde Nordrhein-Westfalen automatisch besonders profitieren. Dazu zählten auch Lückenschlüsse, flüssiger Transitverkehr und der Ausbau des Seehafen-Hinterlandverkehrs.

Doch reicht das? Hans-Wilhelm Dünner in der Fachzeitschrift „Schiffahrt Hafen Bahn und Technik" [27]: „Ähnliche Verhältnisse herrschen auch in allen anderen alten Bundesländern, in denen in den vergangenen zwanzig Jahren die Infrastruktur West auf Verschleiß gefahren wurde, während Haushaltmittel vor allem in die Sanierung der maroden Infrastruktur der ostdeutschen Bundesländer flossen." Dabei gibt die bisherige Entwicklung im Bund, vor allem aber auch im transportreichsten Transit-Bundesland, Nordrhein-Westfalen, wichtigen Aufschluss, was von den Parteien in Bund und Land für die Zukunft zu erwarten sein könnte.

Dünner: „Begonnen hat alles während der rot-grünen Bundesregierungen von 1998 bis 2005, in denen ,Sparkommissar' Bundesfinanzminister Hans Eichel die Investitionshaushalte des Bundes zur Senkung der Neuverschuldung rigide zurückführ, was den regierungsbeteiligten Grünen ganz recht war; denn für sie war jeglicher mit Flächenverbrauch verbundener Infrastrukturausbau grundsätzlich von Übel." Und weiter: „In sieben Jahren Rot-Grün sank die Zahl der Beschäftigten im Bausektor von 1,5 Millionen auf 750.000! Statt finanzpolitisch begründbare Schulden für Investitionen aufzunehmen, verschuldete sich Eichel lieber für stetig steigende Sozialausgaben für Arbeitslosengeld – ein Lehrstück für volkswirtschaftlich falsche Haushalts- und Finanzpolitik."

Seither wurden die Ausgaben für die Infrastruktur in Deutschland bei einem Etat von rund zehn Milliarden Euro eingefroren. Versprechungen des SPD-Verkehrsminister Dr. Manfred Stolpe noch 2004, die mit der Lkw-Maut ab 2005 dem Staatssäckel zufließenden und von anfangs zwei Milliarden Euro auf heute vier Milliarden Euro angestiegenen Mittel würden für die Infrastruktur verwendet, erfüllten sich nicht, da die folgenden Finanzminister Peer Steinbrück, wieder SPD und in diesem Bundestagswahlkampf 2013 ihr Kanzlerkandidat, und Dr. Wolfgang Schäuble (CDU) einfach den Verkehrsetat in gleicher Höhe zugunsten der allgemeinen Haushaltssanierung kürzten.

Es blieb dem derzeitigen Verkehrsminister Dr. Peter Ramsauer vorbehalten, den auf 15 Milliarden Euro angehobenen Verkehrsetat durchzupauken. Die derzeitig aus den Schaltzentralen von Grün und Rot empfangbaren Signale geben kaum Anlass zu der Hoffnung, dass diese Linie nach Herbst 2013 beibehalten oder nach oben und nachhaltig, geschweige zugunsten der Wasserstraße korrigiert würde.

Das wäre aber im Sinne der Bewältigung des drohenden Transport-Tsunamis und der dafür schnellstens in Schuss zu bringenden Brücken dringend geboten. Untersuchungen des Bundesverkehrsministeriums und der BASt [28] zu den Auswirkungen des überdurchschnittlich angestiegenen Schwerverkehrs haben gezeigt, dass insbesondere bei älteren Brücken die Tragfähigkeitsreserven allmählich erschöpft sind. [29] Die Bauwerke müssen verstärkt oder, wie der Fachmann sagt, ertüchtigt, wenn nicht sogar ganz neu gebaut werden.

Der stetig wachsende Anteil des Schwerverkehrs stellt eine starke Belastung der Straßen dar. Dabei hat ein Lkw mit zweimal zehn Tonnen Achslast auf der Autobahn die gleiche Zerstörungswirkung wie 60.000 Pkw. Nordrhein-Westfalen ist wegen des hohen Verkehrsaufkommens und wegen der ungünstigen Altersstruktur seiner Autobahnen und Bundesstraßen das am stärksten betroffene Bundesland.

Der organisierte, selbsternannte Naturschutz

Wie bei den anderen Parteien auch, täuscht man sich, wenn man den Grünen das alleinige Urheberrecht an ihren verkehrspolitischen Thesen zuschreiben würde. Als eigentliche Denkfabrik dahinter muss man im Wesentlichen die Naturschutz- und Umweltverbände sehen, allen voran den Bund für Umwelt und Naturschutz Deutschland e.V. (BUND) und den Naturschutzbund Deutschland e.V. (NABU), beide Berlin.

Beide Organisationen haben es zu einer wahren Meisterschaft in der Agitation gegen einen sachgerechten Ausgleich bei der Bewältigung des Transportaufkommens durch die drei Landverkehrsträger in Abstimmung mit den notwendigen Erfordernissen des Hochwasserschutzes gebracht.

In einer eigens zu diesem Zweck von seiner Organisation angefertigten Studie [30] über die Ursachen des Jahrhunderthochwassers an Elbe und Donau 2002 kommt der BUND-Vorsitzende Prof. Dr. Hubert Weiger 2011 zu der selbst notorische Wasserstraßengegner überraschenden Ursachenzuweisung: Landwirtschaft, Industrie und Schifffahrt seien die Gründe für die schwere Schädigung der Flüsse.

Die Elbe stehe, so Weiger damals, als „längster freifließender Fluss Deutschlands exemplarisch für den besorgniserregenden Zustand, in dem sich die Flüsse" befänden. Zwar seien in Deutschland seit dem Hochwasser viele Deiche gebaut worden, doch es würden zu wenig Rückzugsgebiete geschaffen. Seither hätten die Politiker versprochen, den Hochwasserschutz ökologisch anzugehen und den Flüssen wieder mehr Raum zu geben. Passiert sei aber wenig, kritisiert Weiger. Es werde seit Jahren versucht, die Elbe als Schifffahrtsstraße noch mehr auszubauen, doch das sei der falsche Weg, mahnt Weiger damals wie heute nach dem abermaligen Jahrhunderthochwasser 2013.

Die Vorwürfe des BUND: achtzig Prozent des Güterschiffsverkehrs fänden auf dem Rhein statt, ein weiterer Ausbau für den Güterschiffsverkehr auf den übrigen größeren deutschen Flüssen könne gar nicht wirtschaftlich sein. Die Elbe sei „ein Fluss für die Menschen, nicht für den Güterverkehr", philosophiert Weiger abgehoben, als ob Güterverkehr eine Kunst um der Kunst willen sei und nicht für den Menschen. Als Ziele neuer Flusspolitik formuliert Weiger die Wiederherstellung von Biodiversität, biologischer Vielfalt, Naturnähe, wie sie nur noch bei neun Prozent aller Auen in Deutschland anzutreffen sei, Schaffung von Rückzugsgebieten für die großen Flüsse, Vergrößerung natürlicher Überschwemmungsflächen statt immer weiterer Einengung der Flüsse durch den Bau von Dämmen und Barrieren.

Der BUND fordert, die Flüsse zu „renaturieren" und wieder zu „lebendigen" Gewässern umzugestalten. Zunächst müsse das an jenen Flüssen geschehen, die wie die Elbe eine geringe Bedeutung für die Schifffahrt hätten, so Weiger. Hier müssten Deiche zurückgebaut und Auenflächen ausgeweitet werden.

Mit seinen Positionen bringt sich, wie auch die Grünen, der BUND selber in die Bredouille. So verfolgt er einerseits das Ziel hundert Prozent erneuerbare Energien, andererseits haben für ihn natürliche und naturnahe Fließgewässer stets Vorrang vor Wasserkraftnutzung. Den Neubau von Wasserkraftanlagen lehnt er deshalb ab.

Seid umarmt, Ihr Spendenmillionen

So bar jeden Sinns für Realität und widersprüchlich die Forderungen der Gegner eines ökologisch sinnvollen Miteinanders von Wasserstraßenbau einerseits und Umwelt- und Naturschutz andererseits sein mögen, so wirkungsvoll sind sie offenbar bei der Beeinflussung der öffentlichen und, dieser vorgeschaltet, veröffentlichten Meinung.

Ein von den Befürwortern von Baumaßnahmen des Wasserbaus im Traum nicht realisierbares Instrumentarium steht den selbst ernannten organisierten Naturschützern dabei zur Verfügung. Während beispielsweise Ausbaubefürworter nur mit großer Mühe an Unterstützungsgelder aus der Wirtschaft herankommen, können die Naturschutzorganisationen auf Millionenbeträge der Heerscharen von Unterstützern, Sympathisanten, Spendern, Mitgliedern usw. bauen.

Ein Blick in das Arsenal des BUND zeigt, warum. So wirbt die Organisation um Spenden in einem bunten Mix von Varianten wie Spenden als Geschenk, Slogan „Es gibt viele schöne Anlässe, zu denen man beschenkt wird: ein runder Geburtstag, die silberne Hochzeit, das dreißigjährige Dienstjubiläum, die Taufe des ersten Kindes ..."

„Doch was schenkt man Menschen, die schon alles haben?" heißt es auf der Spendenseite des BUND. „Noch eine Krawatte, ein Buch, eine

CD? Sie suchen etwas Ausgefallenes?" Um zu der kaum noch verblüffenden Antwort zu gelangen: „Ein Geschenk für den guten Zweck! Machen Sie Ihren Liebsten, dem Chef oder dem Kollegen eine besondere Freude: verschenken Sie eine Spende an den BUND. Die Natur wird es Ihnen danken – und wir natürlich auch. Egal, ob Sie mit Ihrer Geschenkspende den Erhalt von Umwelt und Natur insgesamt stärken möchten oder ein ganz bestimmtes Projekt im Auge haben: Nehmen Sie Kontakt mit uns auf und wir klären die Einzelheiten schnell und unbürokratisch."

Damit die Spender nicht die Lust am Spenden verlieren, lockt der BUND mit schönen Dingen: für Spenden ab 65 Euro können „Spenderinnen und Spender" auf eine Urkunde rechnen, die man weiter verschenken kann.

Spenden können „Spenderinnen und Spender" für zahlreiche Projekte des BUND: zum Schutz der „scheuen Wildkatze", „gegen Weichmacher in PVC oder hormonelle Schadstoffe im Babyschnuller" oder „das Grüne Band", das Biotop, das durch den ehemaligen innerdeutschen Todesstreifen zwischen der ehemaligen DDR und der Bundesrepublik Deutschland entstanden ist. Wieder der BUND-Werbetext: „Eine Naturoase quer durch Deutschland, die sich vom Todesstreifen zur Lebenslinie entwickelt hat." Fehlte nur noch der Nachruf auf die DDR, danke, dass du den Todesstreifen gebaut hast! Und eigentlich schade, dass die Donau kein Grenzfluss der DDR war.

Eines der Schwerpunktprojekte für Spendenwillige ist das Projekt „Auwald-Paradiese an der Elbe". Geworben wird hierfür mit folgendem Text: „Kaum ein anderes Biotop unserer Heimat pulsiert derart vor Leben wie unsere natürlichen Flussauen, insbesondere an der Elbe im Bereich der Garbe. Der BUND möchte mit Ihrer Unterstützung weitere Grundstücke kaufen, um sie unter Schutz zu stellen."

Oder: „In der Altmark scheint die Welt noch in Ordnung: Die Natur ist im Norden Sachsen-Anhalts noch intakt, die Luft klar, das Wasser sauber. Alte Dörfer mit romantischen Fachwerkhäusern liegen reizvoll eingebettet zwischen grünen Wiesen und dichten Wäldern.

Und dann ist da noch die idyllische Flusslandschaft der Elbe. Willkommen im Auenland!" Wer unter den Spendern bei so viel Süßholzgeraspel immer noch Stacheldraht in der Brieftasche hat, wird mit philologischen Erklärungskünsten geködert. Kostprobe aus der BUND-

Werbung: „Artenreichtum im Wasserwald: Das Wort ‚Au' stammt aus dem Mittelhochdeutschen und bedeutet Wasser."

Um Umwelt, Natur und Bürgern zur Seite zu stehen, unterhält der BUND seit Jahren einen Rechtshilfefonds. Die Spendengelder werden gezielt für Rechtsverfahren eingesetzt, wie der BUND vorgibt zum Schutze von Natur und Umwelt.

Wie der BUND weiter für sich reklamiert, würden Spenden dort eingesetzt, wo sie am dringendsten gebraucht werden. Zweckgebundene Spendengelder, die über den Bedarf dieser Spendenprojekte hinausgehen, würden satzungsgemäß für die Umwelt- und Naturschutzarbeit des BUND eingesetzt – sorgfältig, sparsam, freiwillig überprüft und bestätigt von einer laut BUND unabhängigen Wirtschaftsprüferin.

Für die Spenderei werden sehr phantasievoll viele verschiedene Plattformen angeboten. Beispielsweise kann man als Pate eines der Patenschaftsprojekte des BUND wie eine Elbe-Patenschaft spenden. Ab einer Spendenhöhe von fünf Euro im Monat oder einmalig sechzig Euro pro Jahr ist man als Pate dabei.

Dafür bekommt man dann eine persönliche Patenurkunde mit seinem Namen, wird über Aktionen und Erfolge auf dem Laufenden gehalten und erhält automatisch jeweils zum Jahresbeginn seine Spendenbescheinigung für das Finanzamt.

Oder man verschenkt eine Patenschaft. BUND: „Das ideale Geschenk für Menschen mit einem Herzen für die Natur." Oder sucht sich als Unternehmen ein attraktives Spendenprojekt aus und spendet aus Anlass eines Jubiläums, eines Sommerfestes oder ähnliches. Sie wollen eine gute Tat mit Ihren Mitarbeitern teilen? Ebenfalls beim BUND kein Problem. Dann starten Sie eine eigene Spendensammlung im Internet anhand sogenannter „BUND-Leuchtturmprojekte" und rufen selbst zu Spenden für Umwelt- und Naturschutz auf.

Die Spendenstrategie des BUND lässt keine noch so entfernt liegende Ecke des menschlichen Erdendaseins aus. Besonderen Wert legt man auf das riesige Geldsucherclaim der Erbschaften. Hierzu haben die BUND-Werber folgendermaßen getextet: „Sie setzen sich für die Umwelt ein, die Natur liegt Ihnen am Herzen. Deshalb fragen Sie sich manchmal, wie es wohl weitergeht mit unserer Erde und ob jemand Ihr Engagement fortsetzt, wenn Sie einmal nicht mehr da sind." Welcher Erblasser kann da schon Nein sagen? Bevor man erblasst, überlässt man da doch lieber die Zukunft nicht dem Zufall, regelt seinen Nachlass nur zu bereitwillig und bedenkt natürlich den BUND in seinem Testament; denn, wie der BUND schon schreibt: „Jeder Betrag hilft, die Natur auch in Zukunft zu schützen und zu bewahren." Die BUND-Broschüre „Was bleibt, wenn wir gehen?" bietet alle wichtigen Informationen rund um das Thema Erbschaften, gibt Auskunft, wie die Verwendung eines Erbes selbst bestimmt und unanfechtbar festgelegt werden kann. Neben rechtlichen Bedingungen und Hinweisen für das Verfassen eines Testaments enthält sie Kontaktadressen von Rechtsanwälten und Notaren im gesamten Bundesgebiet. Eine zusätzlich vom BUND angebotene Vorsorgemappe für die persönliche Gestaltung drösselt, eingebettet in Darstellungen anderer wichtiger Themen wie Patientenverfügung, Vorsorge- oder Bankvollmacht in fünf Schritten minutiös auf, wie man sein Testament zu Gunsten des BUND erstellen kann. Nicht unclever der Geschäftssinn des BUND auch hier: mit der Zusendung der Mappe wird der zahlungswillige Spender mit einem Unkostenbeitrag von fünf Euro zusätzlich zur Kasse gebeten. Weiger: „Ich versichere Ihnen, dass wir alles tun werden, um Ihre Erbschaften so sinnstiftend wie nur möglich zu verwenden und Ihren Wünschen gerecht zu werden."

Stiftung für zweifelhafte Projekte

Ein weiteres Mittel zur Einwerbung von Geldern ist mit der BUND-Stiftung in Vorbereitung. Ihren Zweck verwirklicht sie zur Zeit noch vorwiegend in der operativen Förderung ausgewählter BUND-Projekte. Dazu trägt u.a. der umfangreiche Flächenbesitz der Stiftung in den jeweiligen Projektgebieten bei.

Der Schwerpunkt der operativen Förderung soll vor allem bei BUND-Projekten liegen, die für die Erhaltung biologischer Vielfalt von überregionaler Bedeutung sind. Dabei ist der Ausgangspunkt „BUND-Projekt" eine wesentliche Voraussetzung für die Prüfung eines Förderantrages.

Damit sind in erster Linie Vorhaben gemeint, die zur natürlichen Wiederbelebung ehemaliger Industrieflächen beitragen, die Lebensräume erhalten, welche sich die Natur aus menschlich geprägten Strukturen selbst zurückerobert hat und solche, die den strukturellen

Biotopverbund schützen, fördern und neu herstellen. Unter dem Dach der BUND-Stiftung kann man eine Unterstiftung, oft auch Treuhandstiftung genannt, gründen. Damit sollen Stiftern erhebliche Steuerersparnisse möglich sein. Sie können bis zu einer Million Euro steuerlich wirksam in das Vermögen einer Stiftung einbringen und innerhalb von zehn Jahren bis zu 307.000 Euro neben dem Spendenhöchstbetrag als steuermindernd anführen.

Das Alter der Stiftung spiele hierbei keine Rolle, die fiskalische Regelung gelte ohne Beachtung, ob es sich hier um eine Neugründung oder eine lange bestehende Stiftung handelt. Zusätzlich könne man jährlich bis zu zwanzig Prozent des Gesamtbetrags seiner Einkünfte steuerlich wirksam in eine gemeinnützige Stiftung als Spende, Zustiftung oder in Form eines Stifterfonds einbringen.

Bei einem Stifterfonds handelt es sich um ein vom Stifter für einen bestimmten Zweck zur Verfügung gestelltes Vermögen. Das Kapital bleibt unberührt, allein die Erträge des Stifterfonds werden diesem bestimmten Zweck zugeführt. Auch diese Form der Hilfe wirkt somit langfristig. Darüber hinaus erfüllen Stifterfonds nicht nur den Willen ihres Stifters, sie können auch seinen Namen tragen und sind damit ein sichtbares Zeichen seines Engagements. Damit die Erträge wirksam werden, empfiehlt der BUND ein Startkapital von 30.000 Euro.

Eine Zustiftung kann einmalig, mehrfach oder dauerhaft erfolgen und aus Bargeld, Immobilien, Grundstücken oder Liegenschaften bestehen. Mit ihr vergrößert der Zustifter den Kapitalstock der BUND-Stiftung. Somit werden auch die Erträge erhöht, welche die Grundlage des nachhaltigen Helfens darstellen.

Erblasser können in ihrem Testament festlegen, die BUND-Stiftung zu unterstützen. Sie können ihr Vermögen ganz oder teilweise in den Kapitalstock der BUND-Stiftung einbringen. Dabei stehen verschiedene Möglichkeiten zur Verfügung, wie man das Vermögen innerhalb der BUND-Stiftung wirken lässt.

Des Weiteren wollen die Naturschützer des BUND auch Missetätern die Möglichkeit geben, Gutes zu tun. Die Zuweisung von Geldauflagen durch Gerichte und Staatsanwaltschaften ist für den BUND von großem Wert. So kann der Gesetzesübertreter sich, unabhängig von Wirtschaft und Politik, für den Schutz von Natur und Umwelt einsetzen. Der BUND garantiert die satzungsgemäße Verwendung der Zuweisungen und verpflichtet sich, den Eingang der zugewiesenen Geldauflagen zu überwachen und Zahlungseingang bzw. Zahlungsverzug sofort zu melden. Schließlich kommt den BUND-Aktivitäten das Beitragsaufkommen der Mitglieder zugute, egal ob Einzelmitglied, Familienmitglied, Partnermitglied, mit Kind, ohne Kind, Unternehmensmitglied, und, und, und … Die Fülle an Variationsmöglichkeiten, wie man sein Geld beim BUND unterbringen kann, erscheint schier unendlich.

Rund 480.000 Unterstützer ermöglichen nach Angaben des BUND mit ihren Beiträgen BUND-Projekte von A wie Artenschutz bis Z wie Zukunftsfähiges Deutschland. Nach eigenen Angaben wurden allein im Jahr 2012 auf Ebene des Bundesverbandes rund 6,1 Millionen Euro an Spenden eingenommen.

Koa Hiatamaderl mog I net

Einen ganz wesentlichen Beitrag dazu, dass die Spendenmaschine immer wie geschmiert rund läuft, leistet ein Heer von Kreativen und Künstlern des In- und Auslandes. Sie machen mit Medien und Musik Stimmung für die scheinheilige Naturschützerei. Ein besonders eklatantes, manche sagen auch perfides Beispiel dafür, wie sich das Geschäft auf der Wasserstraße mit dem Geschäft gegen die Wasserstraße auf höchst kommunikative und massenpsychologisch taugliche, zudem finanziell nicht uninteressante Art und Weise verbinden lässt, gaben in den Jahren 2007 bis 2009 der oberösterreichische Lederhosenrocker Hubert von Goisern zusammen mit der europäischen Kulturhauptstadt 2009 Linz.

Unter Schirmherrschaft von EU-Ratspräsident José Manuel Barroso führte ihn 2007 eine Konzertreise per Schiff auf der Wasserstraße zwischen Schwarzem Meer und Nordsee im ersten Abschnitt die Donau abwärts von Passau nach Vylkove und Sulina am Schwarzen Meer, im darauffolgenden Jahr von Regensburg durch Main-Donau-Kanal, Main und Rhein abwärts nach Rotterdam. Ein mehrtägiges Open-Air-Konzert 2009 in Linz bildete das grandiose Finale – Finale einer Musikflussreise der großen Gegensätze, einer Flussreise aber auch der großen Widersprüche nicht zuletzt des Binnenschifffahrtsbarden selbst. [31] Mit von der Werbeschiffspartie war das europäische *Who-is-Who* bodenständiger Klampf- und Stampfmusik von Klaus Doldinger über Konstantin Wecker bis hin zu BAP oder Haindling.

Es war fast wie einst beim „Spiegel", links anpinkeln, rechts absahnen: Alle profitieren sie von der Wasserstraße, alle agitieren sie gleichzeitig gegen die Wasserstraße. Man musiziert gar einträchtig auf dem Rhein-Main-Donau-Kanal und gibt Konzerte im Hafen Nürnberg – und zieht ebenso einträchtig gegen Kanal, Hafen und Donauausbau in Bayern vom Leder.

Von Goisern ist ein bekannter Musiker. Jeder kennt ihn, jeder mag in. Jazz, Rock, Volksmusik – kaum ein Genre, das ihm nicht leicht aus Quetschkommode und Klampfe quillt. Mit dem Rock-Jodler „Koa Hiatamadl mog I net" machte er einst Kasse. Das hat ihm bald nicht mehr gereicht. Er wollte mehr. Europa verbinden, steckte er sich zum Ziel. Mit Musik. Auf einem Schiff. Bei dem Schiff handelte es sich um einen Schubverband aus Konzertschiff, Wohnschiff und Schubschiff, der in Wallsee an der Donau in Niederösterreich zusammengestellt wurde.

Die Idee eines völkerverbindenden schwimmenden Festivals hatte von Goisern 1997 am Tanganjika-See in Zaire. Er organisierte ein Unplugged-Konzert mit Musikern der ethnischen Gruppen, die sich dort bekriegten. 2005 griff der Hobbyfischer die Idee wieder auf, als er auf einem Schiff des Linzer Reeders Franz Brandner auf der Donau stand.

Der Intendant Linz 2009 Kulturhauptstadt Europas, Martin Heller hatte alles als zweijährige Kulturmission arrangiert und von Goisern zum „Bootschafter" der Stadt 2009 ernannt. Das gesamte Projekt kostete vier Millionen Euro. Finanziert wurde es zu je einem Drittel durch Eigenkapital von Goiserns, von der Stadt Linz als Kulturhauptstadt Europas 2009 und dem Hauptsponsor, dem Softgetränkehersteller Red Bull des Unternehmers Dietrich Mateschitz.

Bezahlt hat sich für alle drei Sponsorpartner die Trommelei von Goiserns & Co. gegen Wasserstraße und Binnenschifffahrt allemal gemacht. Mateschitz verdankt seinen Reichtum einem thailändischen Geheimrezept für sein koffeinhaltiges Getränk und sponsort eine Reihe von Spitzensportlern wie den mehrmaligen Formel-1-Weltmeister Sebastian Vettel. Die Dunkelziffer ist hoch. Fachleute gehen aber davon aus, dass sich seit von Goiserns Tour seine Red-Bull-Dosenverkäufe verzigfacht haben. Von Goisern konnte auf die gelungene Vermarktung eines während dieser Reise produzierten Films mit anschließender DVD-Verwertung rechnen.

Besonders weit trieb die Perfidie die Hafenstadt Linz. Einerseits sah sie sich für ihre Rolle als Sponsorin der Tour besonders prädestiniert als Ausgangspunkt, Zentrum und Schlusspunkt „einer musikalischen Expedition auf den Strömen Europas", so Heller. Als Heimathafen verkörpere Linz bei der Sponsorzusage an von Goisern den „idealen Schnittpunkt europäischer Achsen" und unterstütze einen „künstlerischen Entwurf zur politischen und wirtschaftlichen Ost-West-Integration". Donau und Hafen bildeten nach Hellers Ansicht wesentliche Bestandteile der öffentlichen Wahrnehmung von Linz, sowohl von innen als auch von außen. Beide Bereiche würden im Rahmen dieses großen Kulturaustauschprojekts mit enormer Breitenwirkung bespielt und auf einer europäischen Plattform in Szene gesetzt – der Lauf der Donau als Wegweiser, der Linzer Hafen als finaler Höhepunkt einer zweijährigen Tournee.

Hubert von Goiserns Reise biete der zukünftigen Kulturhauptstadt die Möglichkeit, vielfältigste Kontakte zu knüpfen und transkulturelle Begegnungen zu fördern. Denn zum wesentlichen Aufgabenfeld einer Kulturhauptstadt Europas gehöre die „Auseinandersetzung mit dem (noch) Fremden innerhalb Europas, mit neuen Wertesystemen und unbekannten Denkfiguren".

Nicht zuletzt deshalb verstehe sich das Projekt als selbstverständliches Engagement eines offenen Österreichs. Begleitet von einer europäischen Medienkampagne und einem auf europäischer Ebene co-produzierten Filmprojekt biete die Linz Europa Tour 2007-2009 „ideale Voraussetzungen für Kommunikation in Form künstlerischer Emotionen und Statements – etwas, das Linz 2009 nebst anderen, herkömmlichen Formen von Öffentlichkeitsarbeit gezielt anstrebt."

Der Stadt Linz verhalf Heller mit der Tour neben einer Reihe weiterer Veranstaltungen zu von Stadt und Umland selten erlebten Besucherrekorden – fast 3,5 Millionen Menschen kamen zwischen 2007 und 2009 in die Donaumetropole.

Derweil sangen die Künstler aus vollem Halse gegen die Wasserstraße. Wer Widersprüchlichkeit wittert, mag ruhig sein. Das hat in der oberösterreichischen Landeshauptstadt offenbar Tradition. „Seit

Jahrzehnten Wasser predigen und Wein trinken" – das prangerte schon 2009 Mag. Karl Kremser von dem größten Linzer Nutzer der Donau, dem Stahlkonzern Voestalpine, an. [32] Auf dem 4. Österreichischen Wasserstraßentag des Österreichischen Wasserstraßen- und Schifffahrtsvereins (ÖWSV) am 8. Mai 2009 im Ars Electronica Center in Linz ging er mit den Verkehrspolitikern seines Bundeslandes hart ins Gericht. Er schimpfte, ob der Staat Österreich genug tue, um schönen Worten zu einer Behebung der gravierendsten Mängel in der Donauschifffahrt nach „20 Jahren", so Kremser, Taten folgen zu lassen.

Ein Umdenken zumindest in der Landespolitik kündigte immerhin die Wirtschaftsstadträtin der Stadt Linz, Susanne Wegscheider, auf der Veranstaltung an, getreu dem Motto der Europäischen Kulturhauptstadt 2009 „Linz verändert". Sie wartete dafür mit Zahlen auf. Linz investierte demnach in Anlegestellen für Passagierschiffe rund vierhunderttausend Euro jährlich, in die Sanierung der vorhandenen Schiffsanlegestellen auf dem Donauabschnitt zwischen Passau und Grein rund eine Millionen Euro.

Aus gutem Grund, der freilich im Goisernschen Sängerdunst nicht besungen wurde: Donau und Binnenschifffahrt sind für die Landeshauptstadt von Bedeutung. Ohne den Fluss wäre die heutige Position der Stadt als Industrie-, Kultur- und Tourismusstandort kaum denkbar. An den Anlegestationen der Stadt wurden 2008 etwa 850.000 Passagiere abgefertigt, „Tendenz steigend", so Wegscheider.

Auch für die Industrie steht die Bedeutung der Wasserstraße außer Zweifel. Der Vertriebsvorstand der Voestalpine Stahl GmbH, Peter Ackerlauer, belegte den Stellenwert der Wasserstraße Donau für den Industriestandort Linz mit eindrucksvollen Zahlen.

Im Stammwerk der Voestalpine werden jährlich fünf Millionen Tonnen Stahl für Kunden aus der Automobil-, Eisenbahn-, Energie- oder Haushaltsgerätebranche produziert. Etwa fünfzig Prozent der Donaugütertransporte in Österreich gehen auf das Konto der Voestalpine Stahl GmbH. Mit Großinvestitionen etwa im Linzer Hafen werden stromauf, stromab an den Ufern der Donau in Österreich Vorbereitungen für die Ansiedlung von Industrieunternehmen getroffen.

Zweifel an Europa

Insgesamt hatte die Tournee von Goiserns so von Anfang an einen unüberseh- und -hörbaren politischen Charakter. Politisch und wirtschaftlich stehe die vergrößerte EU zwar auf einem soliden Fundament, hieß es in dem „*Mission Statement*" zur Tour. Dennoch gebe es unter den mittlerweile 490 Millionen EU-Bürgern viele Zweifler. Man spüre, dass da noch etwas fehle, dass es nicht nur um das Bruttoinlandsprodukt, die Arbeitslosenquote oder die Produktivitätsrate gehe.

Mit der Linz Europa Tour 2007-2009 erfolge parallel zur wirtschaftlichen und politischen Weiterentwicklung die „kulturelle Osterweiterung", das „Zusammenwachsen der kulturell bedeutenden Donauregion". Das Schiffsprojekt werde die Partnerschaft der Regionen am mit 2.889 Kilometer längsten Strom Europas fördern und festigen. Es stehe für den Austausch zwischen den Kulturakteuren und den Menschen in den Nachbarländern entlang der Donau.

Von Goisern bringe „den Strom zum Klingen". Die Musik sei schon immer ein einendes Element gewesen, das keine Grenzen kenne. In diesem Projekt würden die Unterschiede und Gemeinsamkeiten einer Musik erforscht und vorgeführt, die unsere Kultur begründet habe. Vielfalt zeichne die europäische Kultur aus. Sie sei ein „Fleckerlteppich", zusammengesetzt aus regionalen Ausprägungen und Besonderheiten. Wenn man die Geschichte Europas zurückverfolge, stelle man fest, dass gerade diese Vielfalt Europa habe groß werden lassen. Es gelte, einander wieder zu entdecken. Am einfachsten gelinge das vielleicht über die Musik, deren „Sprache wir alle sprechen, die keine Barrieren kennt". Die Linz Europa Tour sollte einen „europäischen Diskurs in Gang bringen, der uns den Kontinent erfahrbar macht".

Angesichts solch hehrer Töne über Sinn und Zweck der Tour müssen allerdings Äußerungen und Einlassungen von Goiserns nachdenklich stimmen, die dieser im Zusammenhang mit dem Fluss als unabdingbarem Verkehrsträger im Austausch wirtschaftlicher, damit vor allem aber auch gerade kultureller Güter gemacht hat. Von Goisern kümmerte die Abhängigkeit der Stadt Linz von der Wasserstraße Donau wenig; er ließ nichts aus, um gegen die Binnenschifffahrt zu jodeln. So ließ er sich vom BUND für dessen Ziele in einem Video einspannen und äußerte sich wiederholt gegen den Ausbau der Donau.

Unter anderem schickten leuchtende Videowände auf den Flusskonzerten die Botschaft von Goiserns in die Nacht, dass die Donau („der in Niederbayern eine neues, schifffahrtsgerechtes Stauwehr droht", so die „Süddeutsche Zeitung" in ihrer Berichterstattung vom 2. Juli 2007 über von Goiserns Tournee ohne Quellenangabe, woher sie diese Information habe) unbedingt ein „freier Fluss" bleiben müsse.

Der Bund Naturschutz und der Landesbund für Vogelschutz haben mit Goiserns Unterstützung eine „internationale Unterschriftenaktion" für die Rettung der Donau begonnen. Der Musiker unterstützte das Vorhaben als „sehr gut", weil für ihn eine weitere „Zerstörung des Flusses einer Erbsünde" gleichkäme.

Dass die armen Fische, von denen gewiss nicht wenige auf den Roten Listen des von von Goisern so verehrten BUND aufgelistet sein werden, nicht gerade erbaut gewesen sein dürften, als beispielsweise das explosive Gebräu der ukrainischen Goisern-Vorgruppe „Haydamaky" mit Anleihen bei Punk und Reggae über ihnen aus den Kilowatt-Verstärkern des Musikdampfers donnerte, ehe nach Mitternacht von Goisern selbst die Bühne enterte und mit seiner Band mit der vollen Wucht des Rock auf die Polka rappte und dann Jodler zu Hymnen steigerte, werden sich mithin BUND, Grüne und sonstige auch nur ideelle Unterstützer von Goiserns mit auf ihr Sündenkataster schreiben lassen müssen.

Wichtig sei ihm, von Goisern, klar zu machen, dass diese Schiffexpedition, die ihn insgesamt in den drei Jahren in fünfzig Orte und vierzehn Länder entlang der Ströme Europas führte, der „Umwelt, auch der geliebten Donau, keinen Schaden zufügen wird" (Mittelbayerische Zeitung).

Oder: „Ich will mich auch für die Donau stark machen. Der Fluss kann keine weiteren Stauungen und Betonierungen mehr verkraften. Die Donau ist für mich eine Wesenheit. Jede Staumauer macht sie ein Stück mehr tot."

Und an anderer Stelle, als bei seinem Halt im Regensburger Osthafen der niederbayerische Künstler Haindling mit an Bord geht, bekennen sich beide publikumswirksam zum Naturschutz. Beide ließen es sich auf einer Pressekonferenz in Regensburg am 19. April 2007 nicht nehmen, gegen den weiteren Ausbau der Donau und die Vertiefung der Fahrrinnen zu plädieren. „Einen Löffel so groß zu machen, dass der Mund operiert werden müsste, das wäre in etwa das Gleiche. Das macht doch auch keiner", veranschaulichte Haindling die „Abstrusität", während von Goisern derweil die Anwesenden beruhigte: „Der maximale Tiefgang unseres Schubschiffes beträgt ungefähr ein Meter zwanzig, wegen uns muss also keine Fahrrinne vertieft werden!" In diesem musikalischen Experiment vereine sich der Musikgedanke mit einem Naturschutz- und einem Völkerverständigungsaspekt, so von Goisern.

Wie überhaupt von Goiserns offiziell zur Schau gestellte Haltung gegen einen Donauausbau eher aufgesetzt erscheint, nach der Devise, wasch' mich, aber mach' mich nicht nass. So freut er sich ansonsten „über jede Grenze, die fällt, wo ich nicht meinen Pass oder meinen Kofferraum herzeigen muss und nicht stundenlang am Grenzübergang warten muss, bis alles erledigt ist."

Wie muss von Goisern geschaut haben, als er am 5. Juni 2007 das erste Mal mit seinem Schubverband in Budapest festmachen wollte. Zunächst wollte er am verabredeten Anlegesteg Batthyány Tér anlegen. Da wurde er von einem Einheimischen mit den Worten begrüßt: „Wenn ihr hier anlegt, schlage ich euch die Zähne ein." Von Goisern hatte gedacht, es sei alles organisiert und fest abgemacht gewesen. Jedoch nichts dergleichen.

Gegen eine Anlegegebühr von 2.800 Euro durfte das Schiff dann anlegen. Von Goisern damals in seinem Logbuch, das er über die gesamte Tour geführt hat: „Das ist nicht das Europa, von dem ich träume. Es ist vielleicht das Europa der Abzocker und Ausgrenzer, aber nicht meines."

Angesichts solcher Äußerungen fragt man sich schon, ob sich von Goisern auf den fast dreitausend Kilometern Flussreise nie gefragt hat, wie erquickend es da für die Berufsschiffer sein muss, unterwegs nicht nur das Handschuhfach, sondern fast ihr ganzes Schiff ausladen zu müssen, weil von Goisern und dessen Brüder im Geiste von BUND & Co., die mit an den Haaren herbeigezogenen Vergleichen vom so großen Löffel, dass der Mund operiert werden müsste, „im Fluss und nicht dagegen sein" wollen, und deswegen der Wasserstand bei Straubing oder Vilshofen ein Weiterfahren ohne Leichtern nicht zulassen würde.

Das zählt für einen von Goisern, der einmal in seinem Leben drei Sommer auf einem Fluss Musik gemacht hat und nicht, wie ein Berufsschiffer, die Hälfte jedes Jahres um seine millionenteure Fracht, Familie und Leben bangen muss, natürlich nicht. Von Goisern: „Was sind Hitze, Unwetter und die naturgemäßen Widrigkeiten der christlichen Binnenschifffahrt gegen die europäischen Bürokraten, Borniertten, Uniformträger und Oligarchen? Die Donau mit Musikdampfer scheint heute ein größeres Abenteuer zu sein als jede Atlantiküberquerung."

Von Goiserns Antipathie gegen Ausbaggerungen geht freilich nicht so weit, dass er sich gegen den Main-Donau-Kanal äußert. Kein Wunder; denn ohne diesen Kanal hätte er den zweiten Teil seiner Musikreise in Richtung Nordsee überhaupt nicht von seiner Sponsorstadt Linz aus durchgängig mit dem Schiff antreten können. Dabei waren seinerzeit die Motive und Argumente seiner Meinungsvorgänger bei den Gegnern des Kanals ganz ähnlich wie von Goiserns.

Unterwassertorpedo Hochwasser

Nun konnte von Goisern von Glück reden, dass er so wetterkundige Reiseplaner hatte. Kein Hochwasser trübte seine Konzerte. Wer weiß, wie die Tour verlaufen wäre, hätte sie 2013 stattgefunden? Er hätte ein Lied vom Hochwasser singen können. Das haben jetzt andere Gegner eines vernünftigen Wasserstraßenbaus als einen äußerst probaten Unterwassertorpedo für sich vereinnahmt.

Während Helfer an den Deichen noch gegen die Flut 2013 kämpften, stimmten sie ihr Klagelied über die von ihnen jeweils ausgemachten Schuldigen an der Katastrophe an. Die Stimmen derjenigen wurden laut, die „angesichts der dramatischen Bilder aus den überfluteten Gebieten dem Ausbau der Flüsse die Hauptschuld an der gerade erlebten Urgewalt des Wassers geben und am liebsten jeden weiteren Eingriff kategorisch verbieten würden", wie Krischan Förster, Chefredakteur der „Binnenschifffahrt", schreibt. [33]

Neue Schutzmauern vor Hochwasser treiben Bürgerinitiativen auf die Barrikaden und gegen das notwendige Fällen von Bäumen an Deichen protestieren Umweltverbände. Sollen Städte und Gemeinden lieber in den Fluten versinken? Mensch oder Natur, Mensch oder

Denkmalschutz scheint die entscheidende Frage. Die Berliner Politik will den Schutz des Menschen vor dem Hochwasser ganz nach vorn stellen. Natur- und Denkmalschutz sollten sich dem unterordnen. Bau und Sanierung von Deichen und Schutzwänden müsse ab jetzt beschleunigt werden. So die immer gleiche Leier. Doch den antimaritimen Stimmungsmachern weht ein rauherer Wind ins Gesicht.

Der „Focus" führt gleich eine ganze Riege von Fachleuten durchaus entgegengesetzter politischer Farbe als Zeugen für die Stimmung an, die immer mehr gegen die starre Haltung der Naturschutzverbände kippt. [34]

FDP-Generalsekretär Patrick Döring wettert: „Wir müssen die Zeit zwischen Planung und Baubeginn verkürzen!" Und: „Das Klagerecht von Verbänden und Initiativen beim Hochwasserschutz müssen wir einschränken!"

CDU/CSU-Fraktionsvize Arnold Vaatz kritisiert: „Zeiträume für Planung und Bau von lebenswichtigen Hochwasserschutzmaßnahmen von bis zu zehn Jahren sind völlig indiskutabel."

Vaatz fordert: „Einsprüche von Anwohnern und Verbänden genauer unter die Lupe nehmen! Einspruchstatbestände, die im Vergleich zum Schutz von Leib und Leben unbegründet sind, müssen zurückgewiesen werden." Und: „Schluss mit der Vetokratie!" Schließlich hätten unsere Vorfahren vor zweihundert und dreihundert Jahren wesentlich schneller gebaut. „Ein großer Teil der Wasserschutzbauten schützt uns noch heute."

Leipzigs Oberbürgermeister Burkhard Jung (SPD): „Ich kann die ständigen Klagen von Umweltverbänden nicht mehr ertragen. Wenn wir nach dem Hochwasser 2011 die Dämme an Luppe und Elster-Flutbecken nicht so schnell saniert hätten, wäre es im Nordwesten Leipzigs zur Flutkatastrophe gekommen." Und: „Wir können das Rad der Geschichte nicht mehr zurückdrehen. Die Begradigung der Flüsse ist eben vor fast einhundert Jahren erfolgt." Die Umweltverbände dürften nicht übertreiben.

„Wenn wir auf Deichen nicht mehr Wiesen mähen, Sträucher zurückschneiden oder Baumwuchs verhindern dürfen, dann steht Naturschutz gegen Menschenschutz", warnt Jung. „Natürlich fluten wir den Auewald, wo es möglich ist. Aber es kann nicht sein, dass ich Hubschrauber anfordern muss, nur um die Dämme noch zu erreichen."

Jetzt bewahrheitet sich, wovor schon 2009 der Richter am Bundesverwaltungsgericht a.D. und Baurechtsexperte Willi Vallendar auf einer wasserbautechnischen Kongressveranstaltung der Hafentechnischen Gesellschaft (HTG) e.V. gewarnt hatte: die Gefahren der Verbandsklagen für Großbaumaßnahmen. [35]

Offenbar haben Grüne und Umweltschutzverbände mittlerweile den Bogen überspannt. So hatten grüne Kommunal- und Landespolitiker sowie Umweltverbände wie die Grüne Liga in Sachsen gegen technischen Hochwasserschutz mit Deichen, Mauern und Schutzwänden mobil gemacht:

- Dringend benötigte Hochwasserschutzwälle in Dresden-Cossebaude und Gohlis: abgelehnt.

- Flutschutzmauern wie in Wilkau-Haßlau im Erzgebirge oder in Grimma an der Mulde: unendlich verzögert. Folge: Die Barockstadt wurde nach 2002 jetzt wieder überflutet, nur weil es einen jahrelangen Kampf gegen die Schutzmauer gab. „Uns standen zwei kräftige Bürgerinitiativen mit großen Transparenten gegenüber, die uns fast gesteinigt hätten", berichtet der Leiter der Landestalsperrenverwaltung, Axel Bobbe, im „Focus".

Seine Behörde suchte die Lösung mit einer wissenschaftlichen Studie der TU Dresden. Ein riesiges Strömungsmodell prüfte alle möglichen Wasserverläufe Grimmas im Flutfall. Danach sollte eine spezielle Schutzmauer gebaut werden.

Nach fünf weiteren erfolglosen Klagen „begann der äußerst komplizierte Bau im Muldefels, der bis heute allen Beteiligten Nerven kostet", gesteht Bobbe. Aber nach vier Jahren Verzögerung wäre die Mauer erst 2017 fertig geworden. Zu spät für die neue Flut.

FDP-Fraktionschef Rainer Brüderle: „Bürgerbeteiligung ist zwar wichtig, aber eine grüne Dagegen-Politik, die am Ende Menschen sowie ihr Hab und Gut gefährdet, darf es nicht geben. Das haben für mich die dramatischen Fälle bei der Flut jetzt bewiesen."

Faszination Libelle

In all der Not der Flutkatastrophe kommen BUND, NABU oder Grüne mit ihren Libellen daher. In Roßlau an der Elbe hat sich eine vom Aussterben bedrohte Libellen-Art niedergelassen, da, wo die Elbe das Flüsschen Rossel aufstaut und im Frühsommer 2013 für erhebliche Überschwemmungen sorgt. Schon 2010 waren die Planungen für ein Schöpfwerk, das Wasser aus der Rossel bei Hochwasser in die Elbe befördern soll, fertig gewesen. Es hätte also mit dem Bau begonnen werden können, die Auswirkungen des zweiten Jahrhunderthochwassers in diesem Jahrhundert weitgehend an dieser Stelle gemildert werden können. Doch dann kam die Jungfer.

Laut Sachsen-Anhalts Ministerpräsident Reiner Haseloff (CDU) hat es mehr als ein Jahr gedauert, Lebensweise und Paarungsverhalten der Libellen aufzuzeichnen und die Planungen zu ändern. Folge: Das Schöpfwerk ist noch immer nicht fertig, die Rossel überflutet wie 2002 ganze Teile nicht nur Roßlaus, sondern der gesamten näheren und weiteren Entfernung, vernichtet ganze Existenzen, vielleicht auch von Libellen, vor allem aber von Menschen.

Flaggschiff unter den Projekten des BUND ist der Schutz der Libelle. Die selten gewordene Speer-Azurjungfer (lateinisch: *Coenagrion hastulatum*) hat er in Zusammenarbeit mit der Gesellschaft deutschsprachiger Odonatologen (Libellenkundler) zur Libelle des Jahres 2013 ausgerufen. Das Tier lebt unter anderem in Mooren und ruhigen Teichen. Der Name stammt von einer speerähnlichen Zeichnung auf dem Hinterleib der Männchen. Andere Arten waren zuvor bereits für 2011 und 2012 zu Jahreslibellen deklariert worden. Mit der Wahl wolle man auf die nach Ansicht des BUND schwieriger werdenden Lebensbedingungen für die gut drei Zentimeter langen Insekten aufmerksam machen.

Zahlreiche BUND-Gruppen engagieren sich für den Schutz der Libellen und ihrer Lebensräume. Sie renaturieren Bäche, Auen oder Moore und setzen sich für eine Verbesserung der Wassergüte ein. Sie überzeugen Landwirte und Behörden, nicht bis an den Rand von Gewässern zu mähen. Oder sie werben dafür, Gewässer nicht künstlich mit Fischen zu besetzen. Und sie dokumentieren die Libellenfauna und geben damit Hinweise auf die Entwicklung unserer Natur. [36]

Abb. 2: Speer-Azurjungfer-Libelle Männchen: Vom Aussterben ...

Abb. 3: ... bedrohte Art im Paarungsrad mit Speer-Azurjungfer-Libelle Weib-
chen: Aussterben ist nicht leicht.

„Jahr für Jahr gibt es immer weniger dieser wunderschön schillernden Libellen in Deutschland. Mancherorts ist die Speer-Azurjungfer bereits ganz verschwunden", kommentiert BUND-Libellenexpertin Heidrun Heidecke die Libellenkür.

Hintergrund ist, dass in der neuen und 2013 erscheinenden Roten Liste die Speer-Azurjungfer erstmals als „stark gefährdet" eingestuft wird. Ursachen seien vor allem der Düngereintrag aus der Landwirtschaft in Gewässer und die Austrocknung der Lebensräume. Auch die intensive Teichwirtschaft beeinträchtige die Speer-Azurjungfer. Libellen sind faszinierende Wesen: Wie die Grünen in ihren Parteitagsbeschlüssen schillern sie in metallischen Farben und sind echte Flugakrobaten. Einige Libellenarten erreichen Fluggeschwindigkeiten von bis zu fünfzig Stundenkilometern, steigen auf zweitausend Meter Flughöhe auf oder überqueren den Atlantik.

Für ihre Fans zählen Libellen zu den elegantesten Fliegern unter den Insekten. Da sie ihre Vorder- und Hinterflügel getrennt voneinander steuern können, verfügen sie über eine unglaubliche Manövrierfähigkeit. Sie können in der Luft stehen und rückwärts fliegen. Das Flugprinzip des Hubschraubers wurde bei ihnen abgeschaut.

In Deutschland gibt es einundachtzig Libellenarten. Fast die Hälfte davon ist in der Roten Liste in einer Gefährdungskategorie aufgeführt. Und wie so oft sei es vor allem der Verlust ihrer Lebensräume, der den Libellen zu schaffen mache. Auf seinen Internet-Seiten wirbt der BUND mit attraktiven Fotos der angeblich vom Aussterben bedrohten Libellenarten *(s. Abb. 2 und Abb. 3 auf Seite 65).*

Obwohl die Libelle Sumpf- und Teichbewohnerin ist, macht der BUND für ihr angebliches Artensterben vor allem Auswirkungen des Wasserstraßenbaus wie die Absenkung des Grundwasserspiegels *(vergleiche die Auswirkungen der vom BUND favorisierten Variante A auf den Grundwasserspiegel beim Donauausbau, Seite 84)* neben der Entwässerung der Hochmoore, Gewässerverschmutzung, Bachbegradigungen und -befestigungen verantwortlich.

Neuerdings kämen immer mehr Auswirkungen des Klimawandels als Gefährungspotential für die Libellen hinzu. Durch die Erderwärmung trockneten Gewässer schnell aus oder würden zu warm. „Klimaschutz ist also immer auch Libellenschutz," so der BUND. Libellen seien Bio-Indikatoren für den Zustand von Gewässern.

Grün-Rot und internationale Verträge

Bei aller Sorge um Libellen und andere angeblich ökologische Belange vergessen grüne wie rote Bedenkenträger dabei gerne schon mal, dass Deutschland nicht ein Eiland der Glückseligen ist, wo man sich um keine Nachbarn und mit denen einmal eingegangene internationale Verpflichtungen und Verträge zu kümmern bräuchte. Auf – gelinde ausgedrückt – Unverständnis stößt diese Ignoranz beispielsweise in den östlichen Donauanrainerstaaten oder Nachbarländern wie Polen und Tschechien.

Hier ist man auf den Transportweg Wasserstraße in Form der Elbe dringend angewiesen. Mit dem Wachstum der gesamtwirtschaftlichen Produktion, der Einkommen und des Außenhandels in Polen und Tschechien werden aber auch die Transportleistungen gerade in der Region deutlich zunehmen. Das hat eine Studie zur „ökonomischen Entwicklungsperspektive der Region Elbe-Oder" ergeben, die das Hamburger Weltwirtschafts-Institut (HWWI) auf einer trinationalen Wirtschaftskonferenz der Kammerunion Elbe/Oder (KEO) aus den Anrainerstaaten Tschechien, Polen und Deutschland 2012 vorgelegt hat. [37]

Unterschiedliche Interessen auf Seiten der drei Länder in Sachen Ertüchtigung von Oder und Elbe konstatierte dabei Enak Ferlemann, Parlamentarischer Staatssekretär im Bundesverkehrsministerium, auf der hochkarätig besetzten KEO-Konferenz im Säulensaal des polnischen Parlamentes *Sejm* in Warschau vor über 170 Teilnehmern aus Wirtschaft, Politik und Verwaltung. Immerhin stellte Ferlemann bei der Gelegenheit Gesprächsbereitschaft der deutschen Seite in Aussicht, wenn auch „die Interessen beide nicht so übereinander passen, wie wir es gerne hätten. Daher gibt es hier noch Abstimmungsbedarf." Allerdings verwies der Staatssekretär insbesondere auf das Schiffshebewerk Niederfinow, dass man nicht gebaut habe, um es hernach nicht nutzen zu können, sondern um die Infrastruktur für die Binnenschifffahrt bereit zu stellen, „wie wir uns das wünschen", so Ferlemann. Im Zusammenhang mit der Kategorisierung der Wasserstraßen durch sein Haus betonte Ferlemann, dass man sich mehr Verkehr auf der Oder sehr wünsche. Man werde sich einigen müssen, wie man den Verkehr regeln wolle. Ferlemann gab seiner Zuversicht Ausdruck, dass man schon bald in Brüssel hierüber eine Einigung herbeiführen könne. Man wird davon ausgehen können, dass man dies auch wird und nicht nur in Bezug auf Polen, sondern auch auf Tschechien; denn die Konvergenzprozesse Polens und Tschechiens werden sich, da stimmen die Fachleute weitegehend überein, weiter fortsetzen, das Bruttoinlandsprodukt in den nächsten zwei Jahrzehnten in den beiden Ländern, aber auch in Deutschland, deutlich ansteigen.

„Mit dem Wachstum der gesamtwirtschaftlichen Produktion, der Einkommen und des Außenhandels werden auch die Transportleistungen in der KEO-Region deutlich zunehmen", kommentiert der Forschungsdirektor des HWWI, Prof. Dr. Michael Bräuninger, die Studie seines Instituts.

Bei der grenzüberschreitenden Zusammenarbeit gewännen alle, sie sei gerade auch im Bereich Verkehr notwendiger denn je. Ein Zusammenwachsen der Elbe-Oder-Region und die Stärkung ihrer gemeinsamen Wirtschaftskraft werde aber nur gelingen, wenn die Mobilität von Personen und Gütern auf Schiene, Straße und Wasserstraße möglichst reibungslos gewährleistet ist.

Damit diese Aussichten Realität werden, seien einige wichtige Faktoren zu beachten: „Die Verkehrsinfrastruktur in Polen, Tschechien und Ostdeutschland hat nach wie vor großen Nachholbedarf, um gleiche Wirtschaftsbedingungen auch in diesem Gebiet des EU-Binnenmarktes schaffen zu können", ist Jiří Aster, Präsident der KEO und der Wirtschaftskammer Děčín, überzeugt.[38] Es sei unabdingbar, dass die europäischen Verkehrskorridore (TEN-T-Korridore) multimodal ausgerichtet werden.

Darüber hinaus müsse die Infrastruktur künftig den Anforderungen der Wirtschaft entsprechen und dementsprechend angepasst werden. Wenn dies erreicht sei, werde die Binnenschifffahrt auf Oder, Elbe und dem sie verbindenden Kanalnetz eine wettbewerbsfähige Alternative zum Straßen-und Schienengüterverkehr.

Was Grüne, BUND & Co nicht wahrhaben wollen oder aus politischem Kalkül ihrem Wahlvolk gegenüber nicht zugestehen wollen: Die Unterhaltung eines derartigen Flusses erfolgt nicht nur für die Schifffahrt, sondern von alters her zuallererst wegen anderer Belange wie Schutz gegen Hochwasser und Eisgefahren, von touristischen Erwägungen ganz zu schweigen. Dort, wo es gesamtgesellschaftlich

möglich ist, wird auch heute schon ohne eine rot-grüne Regierungs-
beteiligung durch Rückdeichungen dem Fluss mehr Raum gegeben.
Dass demgegenüber aber unter einer rot-grünen Regierung der um-
weltfreundlichen Schifffahrt keinerlei Existenzberechtigung und
Raum gegeben werden soll, gibt selbst von einem unparteiischen
Standpunkt Rätsel auf. Unterhaltung ist nötig, Nichtstun geht nicht!
Dieser Devise mag man sich auf Seiten der Ausbaugegner auch an der
Elbe unter gar keinen Umständen anschließen.

Aussterbende Libellen im BUND

Ein Lichtblick könnten hier wenigstens in Bezug auf den BUND
Stimmen sein, die wie dessen Referent für Gewässer und Binnenschifffahrt, Winfried Lücking, von Haus aus Biologe und seit fünfzehn
Jahren beim BUND Berlin, einen ganzheitlichen Ansatz formulieren.
Lücking hatte bereits auf dem vielbeachteten, von mir initiierten und
geleiteten Mainzer Forum Binnenschifffahrt 2011 für Aufsehen gesorgt, als er grundsätzlich die Existenzberechtigung der Binnenschifffahrt einräumte. [39]

Dem schloss sich im Wesentlichen sein Kollege, Tillmann Heuser,
Landesgeschäftsführer BUND Berlin und stellvertretender verkehrs-
politischer Sprecher mit Schwerpunkt Binnenschifffahrt, auf dem von
mir in Eigenregie veranstalteten „Duisburg Gipfel" 2012 an. Lücking
wie Heuser lassen wenigstens in vorsichtigen Ansätzen erkennen,
dass sie die berufsmäßige Binnenschifffahrt nicht vollends abschaffen
wollen und durchaus eine Daseinsberechtigung für sie anerkennen,
wenn auch in einem eng gezogenen Rahmen bestimmter Voraussetzungen wie des Umweltschutzes.

Lücking sieht einen guten ökologischen Zustand in einer grundlegenden Zielsetzung, an der sich andere Nutzungen messen lassen
müssten. Er scheut deshalb die Frage nicht danach, ob der Schifffahrt
eine Priorität zusteht, wie die Unterhaltung erfolgt und ob eine solche
mit der Wasserrahmenrichtlinie der EU (WRRL) in Einklang zu bringen ist. Lücking fordert eine grundsätzlich andere Herangehensweise
mit ganzheitlicher Betrachtungsweise im Rahmen eines Gesamtkon-
zeptes. Beobachter wollen in dem zwischen Wasser- und Schifffahrtsverwaltung, Biosphärenreservat, Umweltbehörden, Umweltverbän-

den und Kirchen diskutierten und gemeinsam vorbereiteten Sohlsta-
bilisierungsprogramm für die Erosionsstrecke Mühlberg-Coswig und
eine Chance der Annäherung an Lückings Vorstellungen erkennen.

Ob sich hier ein neues Miteinander zwischen BUND und Binnenschifffahrt andeutet, lässt sich nur schwer sagen. Wie Herzog und
Beckmeyer in der SPD – bei den Grünen vermag ich keine Analogie
zu erkennen –, so dürften Lücking und Heuser mit ihrer Sachorien-
tiertheit im BUND wohl eine Minderheitenmeinung vertreten – keine
Jungfern, keine Speerspitzen, eher eine aussterbende Libellenart im
Sumpf antimaritimer Schlagzeilenheuchelei.

Wie hart der Anti-Binnenschifffahrtsblock hier ist, zeigen auch die
Gespräche zwischen BUND und dem BDB. Dessen Bereitschaft zu
Entgegenkommen und Friedensangeboten waren schon in der Vergangenheit meistens unbeantwortet geblieben. Auch die vom BUND aus-
gesandten Signale an den BDB im März 2013 lassen wenig Raum auf
Hoffnungen, der BUND könnte künftig sich dazu herablassen, auch
nur eine Handbreit auf die Binnenschifffahrt zuzugehen.

Hoffnungen darauf schien man sich beim BDB zu machen, als
BDB-Vizepräsident Dr. Gunther Jaegers auf Einladung des BUND in
Berlin die Gelegenheit wahrnahm, zum Thema „Umsetzung der Was-
serrahmenrichtlinie" für das Binnenschifffahrtsgewerbe Stellung zu
beziehen und der BDB-„Report" gar schon das Hosianna auf einen
„Schulterschluss des BDB mit dem BUND" anstimmte. [40]

Was die Euphorie bei den Binnenschiffern in ihrer vorauseilender
Friedfertigkeit beflügelte, war die Einigkeit, gemeinsam mehr Finanz-
mittel für Bundeswasserstraßen einzuwerben. Einigkeit im Fordern
von Geld aber ist das eine, wofür es ausgeben, das andere.

So zeigte sich der BUND im März 2013 gegenüber den BDB-Ver-
tretern als knallharter Verhandler, der keinen Millimeter von seinen
Positionen abzurücken jemals bereits sein würde. Wofür das Geld
dann auszugeben wäre, sollte es denn irgendwann einmal tatsächlich
fließen, ist deshalb zumindest für den BUND klar: für naturschutz-
fachliche Maßnahmen, keinen Cent für binnenschifffahrts- oder was-
serstraßenfachliche Maßnahmen, kein Wenn und kein Aber. Dass
vom Naturschutz wenig bleibt, wenn nicht ein wesentlicher Teil in
Bau und Erhalt von Wasserstraßen und die sonstigen Belange des Ge-
werbes der Binnenschifffahrt investiert wird, steht zu befürchten.

Zwei Seiten einer Medaille

Wasserstraßenbau ist gelebter Hochwasserschutz, schrieb ich in meinem Buch „Heuschrecken-Alarm an der Wasserfront".[5] Hochwasserschutz und Wasserstraßenbau – das sind entgegen der Ansicht von selbsternannten Naturschützern zwei Seiten einer Medaille. Hochwässer stellen immer wieder eine häufig existentielle Bedrohung für Leben und Eigentum der betroffenen Bevölkerung sowie für Industrie, Landwirtschaft, Gebäude und Infrastruktureinrichtungen in überschwemmungsgefährdeten Bereichen dar.

Bilder der letzten Jahre und Monate aus Australien und Pakistan, Ereignisse in Nordrhein-Westfalen, Rheinland-Pfalz, am Neckar in Baden-Württemberg und wie 2002 und 2013 während der Jahrhundertfluten in Bayern, Sachsen und Sachsen-Anhalt haben die Gefährdungen verdeutlicht, die trotz aller durchgeführten Maßnahmen im Rahmen eines vorsorgenden Hochwasserschutzes weiterhin bestehen.

Hochwasserschutz besteht, wie Prof. Dr.-Ing. Holger Schüttrumpf, Leiter des Instituts für Wasserbau und Wasserwirtschaft der RWTH Aachen und eines Aachener IWASA-Symposiums, 2011 erläuterte, [41] heutzutage aus vielen Komponenten, von denen nur eine der technische Hochwasserschutz ist. Flächenvorsorge, Risikovorsorge, Bauvorsorge und Informationsvorsorge sind ebenfalls notwendige und wichtige Komponenten eines vorsorgenden Hochwasserschutzes. Auch wird mittlerweile der Begriff des Hochwasserschutzes um den Risikobegriff erweitert, um neben den Gefährdungen auch die Konsequenzen eines Hochwassers in der Beurteilung und Bewertung von Maßnahmen zu berücksichtigen.

Insbesondere die EU-Hochwasserrichtlinie fordert daher neben Hochwassergefahrenkarten auch die Erstellung von Hochwasserrisikokarten und Hochwasserrisikomanagementplänen.

Hiermit stehen Instrumente zur Verfügung, um Hochwasserrisiken auch flussgebietsübergreifend managen, vergleichen und bewerten zu können. Eine unmittelbare Verbesserung des Hochwasserschutzes ist laut Schüttrumpf durch diese Karten und Pläne aber erst dann zu erwarten, wenn die vorgeschlagenen Maßnahmen auch umgesetzt werden und die Informationen zur Hochwasserbetroffenheit von den Hochwasserbetroffenen und den Hochwasserbeteiligten auch wahrgenommen und befolgt werden. Schüttrumpf: „Ohne die aktive Mitwirkung und Beteiligung der Betroffenen bleiben die Hochwasserrisikomanagementpläne nichts als bunte Bilder." Auf diese Aspekte müsse bei allem Enthusiasmus in Zusammenhang mit den derzeitigen Aktivitäten bei der Umsetzung der EU-Hochwasserrichtlinie deutlich hingewiesen werden.

Gleichwohl bleibt Schüttrumpf realistisch: „Trotz aller Anstrengungen und Maßnahmen wird es uns niemals gelingen, das Hochwasserrisiko vollständig zu reduzieren." Eine absolute Sicherheit werde und könne es nicht geben. Vielmehr sollte es das Ziel sein, das Hochwasserrisiko auf akzeptable Risikowerte zu reduzieren und die Hochwasserrisikokarten für eine Identifikation der Bereiche mit dem höchsten Hochwasserrisiko zu verwenden und optimale Maßnahmen zu erarbeiten. Auf diese Weise könnten der Hochwasserschutz optimiert und die öffentlichen Haushalte geschont werden.

Doch auch für den Hochwasserschutz leisten die Bau- und Unterhaltungsmaßnahmen einen nicht unbedeutenden Beitrag. Hochwasserschutz, Hochwassermanagement und Binnenschifffahrt sind vereinbar; denn die staugeregelten Flüsse als Bundeswasserstraßen wie beispielsweise die Mosel sind bereits so ausgebaut, dass es dort bei Hochwasser einen quasi frei fließenden Zustand gibt.

Wie sehr Binnenschifffahrt und Hochwasserschutz mittlerweile miteinander verzahnt sind und weiterhin werden, zeigt das Beispiel einer Zusammenarbeit in Niedersachsen, ein Beispiel für die Nutzung von Wasserstraßen zum Hochwasserschutz.

Dort arbeiten die GDWS Mitte in Hannover, das niedersächsische Ministerium für Umwelt und Klimaschutz und die Stadt Wolfsburg bei der „Neuordnung des Hochwasserregimes in der Osthaltung des Mittellandkanals (MLK)" aufs Engste zusammen. Seit Inkrafttreten des Abkommens 2011 haben das Land Niedersachsen und die Stadt Wolfsburg das Recht, größere Hochwassermengen als bisher in den MLK einzuleiten. Problemfeld war hierbei der Ausbau des Mittellandkanals zwischen der Schleuse Sülfeld bei Wolfsburg und der Elbe, wofür Niedersachsen und Wolfsburg eine Neuordnung des Hochwasserschutzes anstrebten.

Dabei sollen mittlere Hochwasser möglichst in Rückhalteräumen an der Aller gehalten und ihr zeitlich versetzt wieder zugeführt werden.

Extreme Hochwasserspitzen, die die Aufnahmemöglichkeiten an der Aller überschreiten, sollen zur Vermeidung von Hochwasserschäden in einem größeren Umfang als bisher in den MLK eingeleitet werden.

Zur Umsetzung der Planungen des Landes Niedersachsen und der Stadt Wolfsburg musste in Abstimmung mit der WSV die Leistungsfähigkeit einzelner Anlagen zur Einleitung von Hochwasser in den MLK weiter erhöht werden, um sowohl die Sicherheit der Schifffahrt als auch der Kanalstrecke zu gewährleisten.

Mit den Ausbaumaßnahmen im niedersächsischen Abschnitt des Mittellandkanals östlich der Schleuse Sülfeld und an der Mühlenriede wurden verbesserte Einleitungsanlagen geschaffen. Lediglich die zusätzliche Einleitungsanlage am noch zu errichtenden Allerdüker wird von der WSV in den nächsten Jahren gebaut werden.

Das Elend von Deggendorf

Im Sommer 2013 stand ein Ort wie kein anderer für das ganze Ausmaß der Tragödie der Flutkatastrophe: Deggendorf. Was das Fehlen eines Zusammenwirkens von Hochwasserschutz mit der Binnenschifffahrt ausmachen kann, zeigt das Beispiel des Donauausbaus in Bayern flussauf- wie -abwärts dieses Städtchens. Kaum eine andere Geschichte weist eine derartige Vielzahl höchst verschiedener Problemstellungen auf:

- von der wirtschaftlichen Bedeutung der Wasserstraße für Binnenschifffahrt und Hafenstädte,
- über die geschlossenen und nicht gehaltenen Verträge,
- über die Wirtschaft und die Arbeitsplätze im Umfeld der Häfen,
- für die sinnvolle Kombination und Koordination der Güterverkehre auf Straße, Schiene, Luftfahrt und Wasserstraße,
- sowie über weitere ökonomische und politische Aspekte.

An keinem Wasserbaugroßprojekt zeigt sich aber auch die ideologische Verhärtung auf Seiten des organisierten Naturschutzes und grüner wie roter Politiker so deutlich wie am Ausbau der Donau in Bayern, fand eine derartige Kristallisation wie in Deggendorf. Während Grüne und selbst ernannte Naturschützer wie an Elbe oder Rhein auch hier eine Alles-oder-Nichts-Strategie verfolgen, werden Vertreter der Binnenschifffahrt nicht müde, immer wieder eine konziliante Linie zu verfolgen. „Eine so verheerende Hochwasserkatastrophe, wie wir sie in den vergangen Tagen erlebt haben, ist ein Naturereignis, für das es keinen von Menschenhand geschaffenen, wirksamen Hochwasserschutz gibt", ist Dr. Michael Fraas, Vorsitzender des Deutschen Wasserstraßen- und Schiffahrtsvereins Rhein-Main-Donau e.V. (DWSV) überzeugt. Er fordert wirksame, auch von Gegnern eines Wasserstraßenbaus befürwortete Maßnahmen für einen verbesserten Hochwasserschutz wie:

- die Schaffung vermehrter Retentionsräume (kontrollierte Überflutungsgebiete),

- eine vorausschauende Ansiedlungspolitik der Städte und Gemeinden, die mögliche Überschwemmungsszenarien in ihre Überlegungen mit einbeziehen,

- zügige Realisierung von Instandhaltungs- und Ausbaumaßnahmen an den Flüssen in den bayerischen Hochwassergebieten in Kombination mit wirksamen Hochwasserschutzmaßnahmen und

- Einsatz von technischem Hochwasserschutz (Beispiel Regensburg).

Etwas dezidierter wird der Vorstand der MSG e.G., Würzburg, Martin Staats. Im Brancheninformationsdienst „Bonapart" [42] zwingt ihn der Umgang der Donauausbaugegner mit dem Hochwasser 2013 an der Donau zu Tacheles: „Es ist nicht nur ärgerlich, sondern sogar schon dreist, wenn nun versucht wird, zwischen der Hochwasserschutzkatastrophe und der Diskussion um den Donauausbau einen ursächlichen Zusammenhang herzustellen."

Allein im Bereich der Binnenschifffahrt in Bayern und Österreich erwartet Staats Millionenschäden durch das Hochwasser und seine Nachwirkungen, Stauungen und defekten Schleusenanlagen. Einzelne, kleine familiengeführte Unternehmen, die nur ein oder maximal zwei Schiffe betreiben, seien in ihrer Existenz bedroht, der Schaden beträchtlich. Die Folgen des Hochwassers in Bayern führe zu schlimmen Folgen, nicht nur für die Menschen in den betroffenen Regionen entlang der Donau, sondern auch für Industrie und Dienstleistungssektor. Hier sei nicht nur ein direkter materieller Schaden durch

Überschwemmungen entstanden, sondern es komme oftmals zu nicht absehbaren Folgeschäden durch Produktions- und Leistungsausfälle, bedingt durch lange Unterbrechungen der Lieferkette.

Schließlich sei auch die Schifffahrt schlimm getroffen; und das, obwohl der umweltfreundlichste Transportträger schon seit seinem Bestehen mit diesen Elementen lebe und mit ihnen umzugehen weiß. Die Konsequenzen auch für ihn seien noch lange nicht ausgestanden.

Was angesichts einer solch katastrophalen Situation den Geduldsfaden bei Staats und seinen Kollegen der Binnenschifffahrt diesmal allerdings zum Bersten bringt, ist das Verhalten gewisser Kräfte. Während sich die Betroffenen bemühen, die entstandenen Schäden zu beheben – und, wie Staats betont, „dabei von einer nicht für möglich gehaltenen Welle der Hilfsbereitschaft und Solidarität unterstützt werden" – und während die Politik nicht nur Hilfsprogramme für die Geschädigten auflegt, sondern auch über die Konsequenzen für den künftigen Hochwasserschutz diskutiert, beginne „von interessierter Seite schon wieder das alte Ritual der Schuldzuweisung und der Legendenbildung", so Staats.

Staats beziffert die Zahl der in den letzten fünfzehn Jahren zwischen Straubing und Vilshofen fertiggestellten knapp dreißig Hochwasserschutzmaßnahmen. Weit über 100 Millionen Euro wurden dabei verbaut.

Und alle diese neuen Projekte haben Staats zufolge den Fluten standgehalten. Staats: „Niemand kann sagen, wie hoch die Schäden ohne diese Maßnahmen ausgefallen und ob nicht auch Menschenleben zu beklagen gewesen wären." Durch die EU-Studie zum Donauausbau liege ein komplettes Hochwasserschutzkonzept für die gesamte Strecke vor, das in Planfeststellungstiefe ausgearbeitet sei.

Wie Staats weiter ausführt, hat es in der Vergangenheit nicht am Geld oder am Willen zur Umsetzung des Hochwasserschutzes gefehlt. Auch die pauschalen Schuldzuweisungen an die Landwirtschaft hält er für nicht berechtigt. Keine einzige Maßnahme sei verzögert oder gar zurückgestellt worden, weil Landwirte nicht die benötigten Flächen bereitgestellt hätten.

Dass es nicht noch schneller ging, dafür sieht Staats den Grund in der Dauer der Verfahren. Staats: „Ein bis zwei Jahre hat es oft gedauert, bis der erste Spatenstich erfolgen konnte." Was aber noch viel mehr empören muss, ist, dass die meisten Einwendungen offenbar just von denen kommen, die heute versuchen, den Donauausbau zum Schuldigen zu erklären. Alle Klagen gegen Hochwasserschutzprojekte, sei es Vorlandmanagement oder Deichprojekte, werden Staats zufolge von der Naturschutzseite geführt.

Staats nennt keine Namen. Doch jedem auch nur beiläufig an den Tagesnachrichten Interessierten drängen sie sich fast täglich in irgendeiner Talk-Show oder Nachrichtensendung auf, die Namen jener, die an der Spitze der Pharisäer vor laufenden Kameras nicht müde werden, zumal von dem publizistisch interessant gewordenen Deggendorf aus ihre Zeigefinger auf die Unschuldigen aus Schifffahrt, Landwirtschaft, Gewerbetreibenden, gegnerischen Lokalpolitikern und Andersdenkenden zu richten: Vertreter von BUND wie Prof. Weiger und wieder und wieder die altbekannten Gesichter von Bündnis 90/Die Grünen wie Dr. Anton Hofreiter (MdB), Künast, Claudia Roth (MdB).

Sie predigen, es gelte, so beispielsweise Künast auf ihrer Internetseite [43], „jetzt alle Kräfte zu mobilisieren, um die Schäden so gering wie möglich zu halten und den Menschen schnell, konkret und unbürokratisch zu helfen." Aber wehe, jemand wie Staats fordert für eine schnelle und effektive Fertigstellung des Hochwasserschutzes eine schnellere Durchführung der Genehmigungsverfahren! Dann gilt er einer Claudia Roth sogleich als Ewiggestriger, der mit schönen Formeln nur eine Versteifung auf die Ausbaupläne einer zigarrenrauchenden Binnenschifffahrts-Kapitalistenclique für eine Zubetonierung der Donau und gegen deren freien Fluss verbrämen will.

Dabei fordert Staats lediglich mehr Bereitschaft, eine vernünftige Balance zwischen dem Gefahrenrisiko für Leib und Leben einerseits und ökologischen Belangen andererseits zu definieren. Nur so könne auch Schaden für die Natur abgewendet werden.

Künast in der Fernsehsendung „Hart aber fair": „Was die Menschen jetzt von uns brauchen, sind Soforthilfen. Und danach endlich mal einen vernünftigen Hochwasserschutz. Denn im Moment bekommen wir die Quittung für Untätigkeit und unseren Raubbau an der Natur." Womit sie alle anderen meint, nur nicht sich und die Nachbeter grüner Ideologie. Künast weiter: „Die derzeitige Bundesregierung ist nicht schuldlos an der Hochwasserkatastrophe. Bundesumweltminister Peter Altmaier (CDU) betreibt Schönfärberei, wenn er in Dessau oder Roßlau bloß Gebiete einweiht. Für die Elbe sieht die Rechnung so aus: Wir, Rot-Grün, haben nach der Flutkatastrophe von 2002 im Jahre 2005 das Hochwasserschutzgesetz gemacht. Danach müsste es die Elbe entlang rund 35.000 Hektar Überschwemmungsflächen geben. Die Elbe braucht aber vorort in den Städten, in den Bundesländern Umweltminister, Ministerpräsidenten, Landwirtschaftsminister und Oberbürgermeister, die das alles auch organisieren. Von dem Ziel 35.000 Hektar sind aber heute nur ganze fünf Prozent realisiert. " [44]

Auf ihrer Internet-Seite konkretisiert Künast ihre Kritik am bisherigen Hochwasserschutz: „Die bisherigen Maßnahmen des Hochwasserschutzes konzentrierten sich auf die Verstärkung und Erhöhung von Deichen und Dämmen. Das ist dort notwendig, wo Siedlungsräume zu schützen sind. Freie Landschaften dürfen jedoch nicht vom Fluss abgeschottet werden. Denn die Deiche beschleunigen den Abfluss des Wassers. Flussbegradigungen, Entwässerungen, Vertiefungen und Ufermauern verstärken diese Entledigung von Wasser. Zugleich gehen weitere Feucht- bzw. Überschwemmungsgebiete verloren. Für die Menschen flussabwärts bedeutet das: mehr Wasser, schnellere und größere Flutwellen und dadurch die Gefahr extremer Hochwasser mit zerstörerischer Wirkung."

Roth, Künast & Co wissen freilich am besten, dass sie nur mit Maximalforderungen („Alles für alle", Grünen-Parteiprogramm 2013), untermauert dann noch mit falschen Behauptungen, bei ihrem Wahlvolk punkten können. In Wirklichkeit geht es den Grünen um Politik. Die Angst der Menschen vor dem nächsten Hochwasser als Wahlkampfmotor. Man spekuliert darauf, dass es umso bestimmter kommen wird und dass Anrainer und Nutzer der Wasserstraße wieder und vielleicht noch mehr zu leiden haben werden, je mehr es gelingt, die zu dessen Verhinderungen notwendigen Baumaßnahmen des Hochwasserschutzes zu verhindern oder wenigstens auf die lange Bank zu schieben.

Entsprechend sind, anders als die Befürworter, die Gegner des Ausbaus längst verbal wie medial hochgerüstet. Von „frei fließender Donau", „Bayerischer Amazonas" sowie „Demokratie" und „Bürgerbeteiligung" wird von überdies zumeist ortsfremden Politikern schwadroniert. Ohne auch nur ansatzweise Gedanken an irgendeine Wirklichkeitsnähe zu verschwenden. Dass die Bereitstellung der Infrastrukturkomponente Wasserstraße für die Wirtschaft einen bedeutenden Beitrag leistet und somit Arbeitsmöglichkeiten und -plätze sichert, wird von ihnen nicht nur ignoriert, sondern womöglich auch noch als Auswuchs kapitalistischer Ausbeutermentalität gegeißelt.

Dass das System Schiff-Wasserstraße sich dabei immer mehr als ein Transportweg erweist, der nicht nur für Lebensraum, Naherholung und Freizeit sondern auch für die Gewinnung von CO_2-neutraler Energie durch Wasserkraftwerke steht – für die Gegner einfach nicht existent. Dass allein ein vernünftiger Ausbau nach der Variante C 280 den Bau eines waschechten Biotops grünster Idealvorstellungen ermöglichen würde und allein den wirksamsten Schutz gegen Hochwasserkatastrophen bieten könnte – von den organisierten Naturschützern mit der Parole vom freifließenden Fluss vom Tisch gewischt und nun seit drei Jahrzehnten erfolgreich verhindert.

Was in Wirklichkeit eine frei fließende Donau in der Vergangenheit angerichtet hat und samt der verheerenden Folgen von Überschwemmungen hinreichend etwa für die Flut in den zwanziger Jahren des letzten Jahrhunderts, als die Donau noch frei floss und die Altstadtteile von Regensburg, Straubing und Passau wochenlang unter Wasser standen, belegt ist [45] – die Ausbaugegner nehmen es nicht zur Kenntnis oder unterschlagen es in ihrer ideologiebefrachteten Argumentation.

Anopheles und Malaria

Was eine frei fließende Donau bedeutet, hat sie in der Vergangenheit nicht nur einmal eindrucksvoll bewiesen. Einen lebhaften Eindruck davon gibt die Dokumentation „Der Hochwasserschutz an der Donau in Bayern" [46]. Demnach sind belegt für:

- 1402 im Sommer mehrere Hochwässer, das größte am 29. Juni

- 1405 anfangs Juni große Flut

- 1406 verheerende Sommerhochwässer

- 1432 verheerende Sommerhochwässer, besonders für Kelheim und Regensburg

- 1445 bedeutendes Sommerhochwasser

- 1490 Sommerhochwasser

Überschwemmungsgebiet bei Deggendorf.

ca. 380 Degg. Pegel.

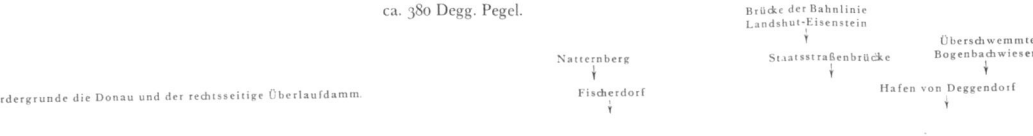

Abb. 4: Freifließender „Amazonas" Donau bei Deggendorf 1926, als die Donau noch nicht wie heute zur Wasserstraße ausgebaut war.

- 1501 am 15. August ungeheures Hochwasser, die Donau stieg in Wien 10,9 Meter über ihre gewöhnliche Höhe

- 1742 am 5. Juni großes Hochwasser

- 1770 drei große Überschwemmungen

- 1771 Mai und Juni Hochwasser

- 1786 viermal Überschwemmungen durch die Donau am 20. Juni, 15. Juli, 4. und 20. August.

Die Deggendorfer Chronik fährt fort: „Sommerhochwässer wirken je nach Zeit und Dauer des Auftretens und der Ausdehnung der Überschwemmung vielfach katastrophal. Ihre Wirkung, die sich im Beschmutzen der Wiesenbestände, Abschwemmen des Heues, Ersticken oder verfaulen der Ackerfrüchte äußert, kann bis zur Vernichtung der Ernte führen, Tierkrankheiten (Leberegelbefall) und Tierseuchen sind die Folgen des Genusses von durch Hochwasser verunreinigtem und verdorbenem Gras und Heu.

Nach Zeitungsberichten sollen infolge der langen Hochwasserrückstände im Sommer 1926 in manchen Hochwassergebieten selbst Fiebererscheinungen bei Menschen, vermutlich hervorgerufen durch Anopheles (Malariamücke), aufgetreten sein. Bei ganz großen Hochwässern beträgt die überschwemmte Fläche zwischen Ulm und Vils-hofen 48.800 Hektar oder 146.400 Tagwerk, wovon 36.140 Hektar auf Äcker und Wiesen und 12.660 Hektar auf Au und Wald entfallen. Die Gesamtschäden von Hochwasserkatastrophen lassen sich zahlenmä-ßig schwer erfassen. Der durch die Sommerhochwässer 1924 an den Talgrundstücken verursachte Schaden wurde auf mehr als acht Milli-onen Reichsmark (RM) geschätzt; unter Zurechnung der Schäden an Gebäuden, Straßen, Brücken usw. dürfte eine Gesamtschadensumme von mindestens neun Millionen RM nicht zu hoch gegriffen sein.

Nicht geringer wird der Schaden durch das Sommerhochwasser 1926 *(s. Abb. 4 auf Seite 79)*, das durch seine außergewöhnlich lange Dauer in vielen Gebieten verheerend gewirkt hat, einzuwerten sein. Wurde doch der Schaden an der oberen Donau zwischen Dillingen und Donauwörth sowie im Straubinger und Deggendorfer Bezirk al-lein schon zu insgesamt fünf Millionen RM angegeben.

Es nimmt nicht wunder, wenn infolge der raschen Aufeinanderfolge so katastrophaler Hochwässer bei in ihrer Existenz bedrohten Talbe-wohnern der Gedanke aufkommen konnte, die heimatliche Scholle dauernd zu verlassen. Jedenfalls ist dies ein beredtes Zeugnis für die Größe der Hochwassernot, die dringendste Abhilfe durch geeignete umfassende Vorbeugungsmaßnahmen geboten erscheinen läßt."

„Die Donau mit Kategorien wie ‚frei' bzw. ‚unfrei' zu charakteri-sieren", ließ 2008 der damalige Bayerische Ministerpräsident Günther Beckstein durch Ministerialrat Horst Kleemeier vom Staatsministeri-um für Wirtschaft, Infrastruktur, Verkehr und Technologie an Bezirks-rat und Ehrenamtlichen Richter a.D. Betriebswirt Georg Haberl vom Bayerischen Hafenforum (BHF) in Deggendorf, der ihm die Deggen-dorfer Dokumentation samt der darin enthaltenen Fotodokumente vorgelegt hatte, erklären, „geht an der Sache vorbei, klingt allerdings für die Gegner des Donauausbaus gut und ist medienwirksam."

Kleemeier weiter: „Ähnliches wird mit dem Begriff ‚sanft' beim Ausbau nach Variante A versucht." Die eindrucksvollen Bilder von den Hochwässern zeigten, wie gefährlich ein wirklich freifließender Fluss sein kann. Um die Bevölkerung vor den katastrophalen Hoch-wässern zu schützen, hat man die Donau reguliert und mit Hochwas-serdeichen gesichert. Entstanden sei dadurch eine Kulturlandschaft, so wie wir sie heute sehen.

80.000 Kilometer schiffbarer Amazonas

Nicht viel besser als die Bilanz einer frei fließenden Donau fällt eine Analyse des anderen Superschlagwortes von angeblichen Naturschützern, Grünen und roten Ideologen aus: „Bayerischer Amazonas".

Hier ist es nützlich, einmal die aufgrund der grünen Desinformation in der Öffentlichkeit etwas sehr verrutschten Dimensionen etwas gerade zu rücken. Wie der 2001 auf Vorschlag der „Süddeutschen Zeitung" von der Joseph-Ströbl-Stiftung in München für seine herausragenden journalistischen Leistungen auf dem Gebiet der Verkehrssicherheit mit dem Journalistenpreis ausgezeichnete Journalist Bernd Kulow, unter anderem lange für ARD-Hörfunksender, „Hessisches Fernsehen", „Zeit", „Frankfurter Rundschau", „stern" oder „natur" tätig und durch Reisen durch Lateinamerika ausgewiesener Kenner der Materie, schreibt, ist der Amazonas „Autobahn, Landstraße und Schiene zugleich", auf dem „riesige Ozeanschiffe den Kontinent durchqueren", mit einer Reihe überraschender Parameter:

- 80.000 Kilometer des gesamten Flusssystems sind schiffbar – das größte Schifffahrtsnetz der Welt.

- Das Flussbett ist so tief, dass selbst Überseeschiffe von der Atlantikmündung aus 3.700 Kilometer weit den Dschungelfluss hinauf fahren können.

- Alle Güter schwimmen in unterschiedlichsten Schiffstypen den Amazonas hinauf oder hinunter. Der Gütertransport des nördlichen Südamerikas findet fast ausschließlich auf den Flüssen statt. Eisenbahnlinien oder gar verkehrs- und massentransporttüchtige Straßenverbindung gibt es nicht oder wenn, dann nur im nächsten Umland großer Dschungel- oder Hafenstädte wie Manaus.

- Große Frachtschiffe oder Containerschiffe befahren den Amazonas. Mit ihnen werden vor allem die Schätze des Amazonas-Beckens abtransportiert: Tropenholz und Bodenschätze wie Bauxit, Eisenerz, Zinn, Uran, Diamanten, Gold oder Steinkohle.

- Mit den 1.100 Amazonas-Nebenflüssen besitzt das Amazonasbecken das größte Schifffahrtsnetz der Welt.

- Der Amazonas selbst bildet die Hauptverkehrsader im gesamten Amazonasbecken.

Die Donau zwischen Straubing und Vilshofen als Teil eines von BUND, Grünen und Roten erträumten künftigen europäischen Amazonas – ein Albtraum, der auch nicht annähernd von den Katastrophenbildern der Jahre 2002 oder 2013 visualisiert werden kann. Wie angesichts solcher Tatsachen von grünen und anderen Naturschutzideologen der Vergleich des frei fließenden Teils der Donau zwischen Straubing und Vilshofen mit dem Amazonas ernsthaft gezogen werden kann, ist nur dem begreiflich, der die Absicht purer Schlagzeilenjagd dahinter nicht aus dem Auge verliert.

Hochwasserschutz tut not

Das gilt ebenfalls für den Aspekt des Hochwasserschutzes. Auch das Ausbauprojekt an der Donau zwischen Straubing und Vilshofen, von der Binnenschifffahrt und ihren Bedürfnissen einst angestoßen, ist eng verzahnt mit umfassenden Maßnahmen zur Verbesserung des Hochwasserschutzes. Wer dies ausklammert, setzt sich ebenfalls dem Verdacht der reinen Schlagzeilenjagd aus.

Gerade bei dem Hochwasserschutz aber liegt derzeit einiges im Argen. In den Jahren 1930 bis 1950 waren im Wesentlichen auf einer Deichlänge von 170 Kilometern mit 40 Schöpfwerken, 500 Kilometer Gräben und 240 Quadratkilometer geschützte Polderfläche etwa 30.000 Menschen vor einem nur dreißigjährlichen Hochwasser geschützt gewesen, also einem Hochwasser, das alle dreißig Jahre einmal mit Deichbrüchen und mehreren Metern hohen Überflutungen weiter Teile des besiedelten Donautals vorkommt. Zu einem solchen Hochwasser kam es zuletzt 2002 oder in den zwanziger Jahren des letzten Jahrhunderts, als die Altstadtteile von Regensburg, Straubing und Passau wochenlang unter Wasser standen.

Entsprechend dem Landesentwicklungsprogramm Bayern und den gesetzlichen Vorgaben enthält das Hochwasserschutzkonzept im Rahmen des geplanten Donau-Ausbaues folgende Ziele:

● Geschlossene Siedlungsbereiche, Gewerbegebiete, sowie wichtige Verkehrsverbindungen vor einem hundertjährigen Hochwasser (HW100) schützen.

● Natürliche Überschwemmungsflächen erhalten und wieder herstellen.

- Nachteilige Auswirkungen auf Unterlieger vermeiden.
- Ökologische Verhältnisse in den Auegebieten verbessern.

Zum Erreichen dieser Ziele ist eine Reihe von Maßnahmen vorgesehen wie Aufhöhung bestehender Deiche, eine zweite Deichlinie, Deichrückverlegungen, Flutmulden, Vorland- und Uferabgrabungen, Eingriffe in den Bewuchs auf Buhnen und Parallelwerken, Landnutzung in den Vorländern, Rückbau von Brückendämmen oder Reaktivierung von Bereichen hinter Parallelwerken.

Sie alle sollen unter strenger Beachtung der Belange von Wasserwirtschaft, Ökologie, Landwirtschaft, Mensch, Kultur und Sachgütern sowie der Kosten vorgenommen werden. Insgesamt ist hierfür ein Programm von 35 Projekten mit Baukosten von rund 200 Millionen Euro geplant und teilweise schon abgeschlossen.

Gefährliche Variante A

Gerade der Hochwasserschutz geht bei der von den angeblichen Hochwasserschützern favorisierten Variante A vollkommen unter. Das Hauptgefahrenmoment bei dieser Variante besteht aber für die Umwelt im Einbau neuer und die Verlängerung vorhandener Buhnen und Leitwerke sowie Sohlbaggerungen, wie sie in dieser Variante geplant sind. Bislang sahen selbst Befürworter der konkurrierenden Variante C 280 in diesen baulichen Maßnahmen wenigstens noch flussregelnde Maßnahmen, mit denen allenfalls eine Verbesserung des Ist-Zustandes in der Weise erreicht werden könne, dass bei Niedrigwasser eine Abladetiefe von 1,80 Meter erzielt würde – eine Vertiefung um lediglich zwanzig Zentimeter. Damit erhöhe sich die Zahl der Tage, an denen der Schifffahrt eine Abladetiefe von 2,50 Meter zur Verfügung stünde, auf 185 Tage im Jahr.

Was dabei überhaupt nicht ins Bewusstsein der Öffentlichkeit drang, war die damit verbundene unmittelbare Gefahr für die gesamte Pflanzen-, Tier- und sonstige Umwelt einschließlich ganzer Gebäude (*flora, fauna, habitat*, FFH). Bislang wurde immer die irrige Annahme geschürt, Variante A sei ein Kompromiss zum Erhalt von FFH.

Genau das Gegenteil ist jedoch der Fall: Variante A ist die unausweichliche Verkürzung der selbst bei vollkommener Verhinderung eines Ausbaus auch nach Variante C 280 noch verbleibenden Zeit, bis

links und rechts der Donau unterhalb Straubing bis Vilshofen alle Auwälder verödet sowie Auwiesen und Uferflächen versteppt, Pflanzen
und Tieren samt seltenen Libellen mangels Lebensraum der Garaus
gemacht und Gebäude, ja selbst Sakralbauten wie die Basilika in Niederaltaich dem Erdboden gleich gemacht sein werden.

Mit der Variante A ist nämlich der Umstand verbunden, dass mit
Hilfe der Buhnen das Wasser in der Flussmitte in eine Schifffahrtsrin-
ne zusammengedrängt wird.

- Folge 1: Mehr Wasser muss in derselben Zeit diesen neuen künstlich
  herbeigeführten Engpass passieren.

- Folge 2 von Folge 1: da der Wasserdruck wegen der Buhnen zur
  Seite und wegen der Schwerkraft nicht nach oben ausweichen kann,
  muss er in die Tiefe gehen.

- Folge 3 von Folge 2 und 1: Dadurch wird die Strömung des Flusses
  in der Mitte schneller, stärker und der Erosionsdruck auf die
  Flusssohle größer.

Verfechter der Variante A leiten bislang daraus gern den vermeint-
lichen Vorteil ab, dass der Fluss so eine größere Wassertiefe bekom-
me. Doch kehrt sich dieser Nutzen nun in das Gegenteil des von den
Naturschützen angeblich gewünschten Haupteffekts möglichst großer
Schonung der Umwelt um. Die Donau gräbt sich immer tiefer ein.
Das tut sie auch jetzt schon. Nur geschähe es nach Durchführung der
Variante A unverhältnismäßig viel schneller.

Folge: die angrenzenden Uferwaldbestände und Auwälder, die
eigentlich vorgeblich geschützt werden sollen, trocknen mangels
Grundwasser aus und verdörren. Die Flusssohle sinkt ab und mit ihr
der Grundwasserspiegel – ein Verhängnis für die Libelle *(s. Seite 66)*.

Christliche Verhinderungsethik

Damit nicht genug, hätte eine schnellere Vertiefung der Donau und
eine Absenkung des Grundwasserspiegels, wie sie Baumaßnahmen
nach Variante A befürchten lassen, auch zur Folge, dass nicht nur le-
bende Bäume austrocknen, sondern auch Baumstämme, die beim Bau
der Basilika von Niederaltaich zur Absicherung des Fundaments in
den sumpfigen Boden getrieben sind. Weniger Grundwasser bedeutet

aber, dass diese Eichenpfähle unausweichlich zu modern beginnen. Was passieren kann, wenn weniger Grundwasser den Boden unter Gebäuden destabilisiert, zeigte der Einsturz des Kölner Stadtarchivs im März 2009. Er gab eine Vorstellung davon, wie gebäudestabilisierend der Grundwasserspiegel ist und welche Auswirkungen es hat, wenn man ihn entzieht. Einer der Hauptgründe der Kölner Katastrophe: Absenkung des Wasserspiegels.

Die Folge hiervon in Niederaltaich wäre analog: die Kirche bekommt Mauerrisse und wäre über kurz oder lang vom Einsturz bedroht – und alle sonstigen Bauten rings herum und links und rechts flussauf- und -abwärts der Donau gleich mit.

Das wissen auch die Benediktiner in dem Kloster, nur sagen sie es nicht öffentlich. Aus gutem Grund. Schließlich hat in den letzten tausend Jahren niemand so viele Auen abgeholzt und im Bayernwald Siedlungen freigerodet wie die Mönche von Niederaltaich und die Bediensteten des Fürstbistums Passau.

Der bekannte Zeitungs- und Fernsehjournalist Hannes Burger, seit vielen Jahren Korrespondententätigkeit u.a. für „Süddeutsche Zeitung" und „Welt" über den Donauausbau allein von daher ein intimer Kenner der damit verbundenen Argumente und Gegenargumente: „Zumindest haben die Äbte die Rettung der Schöpfung ziemlich spät entdeckt und sollten jetzt wie alle Pfarrer nicht aus Schuldgefühlen und Unkenntnis aus ihrem Glashaus mit Steinen werfen!" Und: „Aus den genannten Gründen ist ein baldiger Ausbau der Donau mit einer variablen Stauhaltung samt Stabilisierung der Flusssohle auf jeden Fall notwendig."

Übrigens haben katholische und evangelische Kirche sich in ihrer heuchlerischen Abneigung gegen einen Ausbau der Donau in Bayern schon jetzt zu einer unheiligen Ökumene zusammengefunden. So hatte der Landesbischof der Evangelisch-Lutherischen Kirche in Bayern, Prof. Dr. Heinrich Bedford-Strohm, versucht, bei seinen antimaritimen Schäfchen damit zu punkten, dass er die Variante A zum „sanften Ausbau" erklärte, welcher eine „freifließende" Donau erhalte. Der Gottesmann schloss daraus, dass diese Variante daher aus ethischen Gründen zu bevorzugen und darüber hinaus auch „klug" sei.

In einem mir vorliegenden Brief [47] an Bedford-Strohm widerlegte der renommierte Deggendorfer Arzt, Prof. Dr. med. Dr. med. habil.

Peter Carl, Bedford-Strohm allerdings Punkt für Punkt. Eine „freifließende" Donau gebe es aufgrund der vor geraumer Zeit erfolgten und für den Hochwasserschutz unverzichtbaren Verbauungen schon lange nicht mehr, genauso wenig wie einen „Bayerischen Amazonas" weder im besagten Flussabschnitt noch anderswo. Tatsache sei, so Carl, dass

- die Mühlhamer Schleife das letzte Nadelöhr in der europäischen Wasserstraße zwischen Rotterdam und dem Schwarzen Meer darstellt,

- hier nachweislich die meisten Havarien erfolgen und infolge des Flussverlaufs sowie des häufigen Niedrigwassers an zweihundert Tagen der Schiffsverkehr nicht oder nur sehr eingeschränkt teilweise nur mit einem Drittel der normalen Fracht möglich sei,

- die Unsicherheit und Unregelmäßigkeit der Befahrbarkeit den Schiffsverkehr beeinträchtige und die Ausbau-Gegner zu dem Schluss verleite, es führen ja ohnehin so wenige Schiffe, dass sich ein Ausbau gar nicht lohne.

Carl: „In Wirklichkeit könnte nach einem effizienten Ausbau dieses Flussabschnitts ein sehr großer Anteil verschiedenster Güter anstatt auf den völlig überlasteten Straßen auf dem Fluss transportiert werden." Die Ladung von neunzig Lastzügen könne von einem Donauschiff übernommen werden. Darauf warten in Europa zehn Donau-Anrainerstaaten und noch weitere Länder.

Der Arzt weiter an den Bischof: „Was ist nun also klüger? Und welche Lösung ist ethisch höher zu bewerten? Gibt es denn auf der Basis der christlichen Ethik irgendeine Berechtigung, die Befürworter eines dringend erforderlichen effizienten Donauausbaus ethisch herabzusetzen?" Der Bischof ließ das Schreiben unbeantwortet. Keine Antwort ist aber auch eine Antwort.

Damit dürfte bereits hinlänglich die Bedrohung von Flora, Fauna, Habitat in der Donauregion zwischen Straubing und Vilshofen durch Nichtausbau, Variante A oder jede weitere Verzögerung der Variante C 280 belegt sein. Dies hat nicht nur zu einer fortschreitenden Erosion der Flusssohle geführt, sondern vielmehr noch zu einer Erosion der öffentlichen Geldquellen, die eigentlich und besser für den überfälligen Donauausbau nach Variante C 280 hätten verwendet werden müssen, um der ersten Erosion Einhalt zu gebieten. Bis Ende 2012 wurden für Gutachten rund zweihundert Millionen Euro ausgegeben, zuletzt für eine drei Jahre dauernde EU-Studie für dreiunddreißig Millionen Euro – Geld, das zuletzt für die Flutkatastrophe in 2013 die betroffenen Menschen, Familien und Unternehmen gut hätten gebrauchen können, um überhaupt ihre Existenz zu sichern.

Dass der Ausbau über die Jahrzehnte immer wieder so erfolgreich von den Gegnern verschleppt werden konnte, hängt mit der Historie von grüner Bewegung genauso wie mit Machtansprüchen innerhalb der all die Jahre in Bayern regierenden CSU zusammen.

Burger zufolge, der in seiner fünfzigjährigen Laufbahn als Beobachter der Vorgänge in Bayern als erste Quelle auch für die Geschichte des Donauausbaus gilt, wäre der Donauausbau bereits 1993 – also vor zwanzig Jahren – begonnen worden und der Fluss längst ausgebaut, wenn der ehemalige bayerische Ministerpräsident Max Streibl dies damals geblieben wäre.

Nach Burgers Einschätzung hatte Streibl nicht nur den Main-Donau-Kanalbau gegen alle ideologischen Widerstände durchgezogen. Er hat damals auch die umstrittene Wiederaufbereitungsanlage (WAA) in Wackersdorf beendet. Burger: „Damit hatte er dem BUND ein für Profilierung und emotionale Mobilisierung ideales Kampfgebiet dicht gemacht."

Daraufhin hätten der damalige Bund-Naturschutz-Chef Hubert Weinzierl und sein „universalgelehrter Chefideologe" (Burger) und heutige BUND-Chef Professor Weiger den Donauausbau als neues Ersatzschlachtfeld entdeckt. Weinzierl sagte, so Burger, damals dem Sinne nach zu einem Freund: „Mit lauter kleinen Biotopen können wir unsere Mitglieder im Verband nicht motivieren, wir brauchen ein überregionales Großprojekt zum Kämpfen."

Burger weiter: „Diese Strategie hieß, Ökologie und Naturschutz für Verbandspolitik zu missbrauchen und mangels anderer Großprojekte gegen den Donauausbau zu kämpfen, nur um damit Mitgliederbeiträge und davon abhängige Staatszuschüsse zu erhalten. Damit hat er mir als engagiertem Anwalt des Naturschutzes das Kraut ausgeschüttet [48]. Die Eröffnung des Kanals und die Beendigung der WAA waren also Geburtsstunde und Hauptmotiv des BUND für den Kampf gegen den Donauausbau."

Denn es kam anders, als Streibl gewollt hätte und für Land, Leute, Umwelt und Binnenschifffahrt gut gewesen wäre. Edmund Stoiber stürzte 1993 Streibl. Burger: „Darum hat er, um den Bund Naturschutz im Wahlkampf politisch zu neutralisieren, den Donauausbau mit einem neuen Gutachten über diesen Wahltermin gelupft, dann 1998 nochmals." Die CSU hat im Dauerstreit mit dem Bund und dem BUND sowie mit Bayerns Roten und Grünen dieses Verfahren bis heute „als bloße Verzögerungstaktik beibehalten, um wenigstens größeren Unfug zu verhindern", so Burger.

Die Partei hat mit ihrer Verzögerungstaktik immerhin verhindert, dass der zuerst vom Bund Naturschutz geforderte Ausbau nach den Plänen des österreichischen Wasserbauprofessors Harald Ogris aus Wien mit einer Art Pflasterung der Flusssohle verhindert wurde. Ogris vertrat die Ansicht, dass man mit einer Einschnürung der Donau auf 70 Meter Fahrrinnenbreite und Pflasterung der Sohle mit großen Steinen die Ausbauerfordernisse der Internationalen Donaukommission erfüllen könne.

Nach eingehender wissenschaftlicher Prüfung durch eine Reihe angesehener, unabhängiger deutscher und österreichischer Professoren stellte der Bayerische Ministerrat am 2. Mai 1995 aufgrund der wissenschaftlichen Überprüfung fest, dass die „Methode Ogris" technisch nicht machbar sei und auch aus verkehrswasserbaulicher, ökologisch-landeskultureller und wasserwirtschaftlicher Sicht keine realistische Alternative darstelle, so der frühere Ministerialdirektor im Bayerischen Staatsministerium für Wirtschaft, Verkehr und Technologie, Horst Kleemeier. [49]

Von dieser Blamage redet der BUND heute wohlweislich nicht mehr; denn der Plan wäre nicht nur ökonomisch nutzlos, sondern geradezu eine ökologische Katastrophe für die Donau und ganz Niederbayern geworden.

Desgleichen verdrängen die heutigen roten wie grünen Apologeten der Variante A nur zu gern, dass die von ihnen heute geforderte Ausbau-Variante einst von ihnen bekämpft wurde. Hätte sich die CSU damals dafür entschieden und durchgesetzt, würde sie heute dafür kritisiert werden wie jetzt für ihr Eintreten für Variante C.

Die Variante A mit dem Uferverbau durch fischgrätenartig seitlich ins Flussbett gebaute Buhnen ist nicht nur in Burgers Augen eine „ästhetische Verschandelung" der Donau-Landschaft, sondern auch ein ökonomischer und ökologischer Schaden schlimmster Sorte, der Methode „Ogris" in nichts nachstehend.

Was von Pseudo-Naturschützern und Antimaritim-Politikern aus dem Tal der Ahnungslosen als „wirtschaftlich ausreichender Ausbau" angepriesen wird, ist in Wirklichkeit ökonomisch sinnlos. Er macht die Donau nur an wenigen Tagen mehr schiffbar als jetzt, kostet mehr und ist nach kurzer Zeit bei vorhersehbarem Misserfolg für die Schifffahrt sofort wieder überholt.

Entscheidend aber für die Auseinandersetzung mit Umwelt- und Naturschutz: Variante A ist keineswegs der „naturschonende" oder gar „sanfte Ausbau", als der er aus dieser Ecke des politischen Lagers und in verlorener Gedankenlosigkeit auch von im Grunde den Ausbau befürwortenden Stimmen wie der Bayerischen Staatsregierung immer angepriesen beziehungsweise hingenommen wird *(s. Seite 97)*, sondern sogar ökologisch schädlich und teilweise gefährlich für Leib und Leben der an und auf dem Fluss lebenden und arbeitenden Menschen.

Burger: „Das hätte zum einen zur Folge, dass alle Auwälder, die diese Pseudo-Naturschützer angeblich retten wollen, mangels Grundwasser austrocknen." Dasselbe passiere im Übrigen mit dem Grundwasser, auch wenn man gar nichts tut – nur etwas langsamer. Daher wäre es fast noch naturschonender, die vielen hundert Millionen Euro, die auch die Variante A kostet, von der Donaubrücke in Regensburg ins Wasser zu werfen.

Die Vorteile der Wasserstraße für die Wirtschaft rund um die Hafenstädte werden von niemandem ernsthaft bestritten, jedoch sind sie für rot-grüne Ideologen nicht von Interesse, da für die politische Auseinandersetzung nicht brauchbar.

Von der als „gewinnorientierter Großprojekt-Dinosaurier" diffamierten Rhein-Main-Donau GmbH (RMD), von den IHKn, Unternehmern und Kommunalpolitikern sowie von vielen Abgeordneten der CSU wird fast immer nur ökonomisch argumentiert. Burger: „Durchaus zu Recht, aber eben gegen eine Gummiwand!"

Diese besteht aus der „verlogenen Verbandspolitik" des Bundes Naturschutz, aus irrationalen Argumenten „verirrter und mit Falschinformationen verwirrter Idealisten", aber auch aus „religiösen Sektierern, die glauben, hier an der Donau Gottes Schöpfung retten zu müssen

*Abb. 5: Flugblatt des BUND zum Donauausbau: Manipulierte Schreckens-
bildmontage von Betonmauern, wo in Wirklichkeit ....*

– egal welche wirtschaftlichen Nachteile es für die Menschen bringt".

Pure, zuallererst gegen die CSU gerichtete Verhinderungspolitik zum Schaden des Landes Bayern trifft aber auf den Beifall aller anderen Bundesparteien, die für das „reiche und schwarze Bayern" kein Geld ausgeben wollen. Als Gegner des Kanals wie des Donauausbaus für ganzjährigen Schiffsverkehr sind bereits in den achtziger Jahren Politiker aus den überdies meist rot regierten Hamburg und Bremen aufgetreten, weil diese europäische Wasserstraße eben nicht in einen deutschen Seehafen, sondern in Rotterdam mündet.

Burger: „Auch diese noch halbwegs verständlichen Hafen-Lobbyisten verkaufen das auch nur ökologisch als Sorge um den Umweltschutz – und daheim im Norden bauen die Heuchler ihre Kanäle maximal aus." Dies ist in den Medien besonders wirkungsvoll, weil viele Journalisten sich um die rechtlich, ökonomisch und politisch

Abb. 6: .... bei Variante C 2,80 nur ein 70 Zentimeter dicker, nur bei Niedrigwasser wahrnehmbarer Schlauch in den Fluss gelegt würde.

Abb. 7: Schiffsverkehr auf engstem Raum: Eingang zur Mühlhamer Schleife stromauf, der unfallträchtigste Abschnitt auf der Donau in Bayern.

komplizierten Fakten des lästigen Dauerthemas Donauausbau wahrscheinlich schon aus Zeitgründen wenig scheren und bei dem immer
schneller werdenden Informationsgeschäft auch gar nicht scheren
können. Sie sind grundsätzlich durchwegs für Umwelt und Natur, daher völlig unkritisch gegenüber dem BUND und reagieren stattdessen
nur positiv auf verlogene Duftmarken: „Ausbau light", „freifließende
Donau", „bayerischer Amazonas" oder „naturschonende" oder „sanfte Variante A".

Unter dem Aspekt des Klimaschutzes und Verbrauchs von Primär-
energie schneidet die Luftfracht am schlechtesten ab, die Aufnahme-
kapazität der Autobahnen ist längst über-, die des Schienenverkehrs in
Deutschland voll ausgelastet, im Raum Wasserstraße Donau in Bayern
ebenfalls überlastet und selbst bei sofortiger Herstellung neuer Bahnstrecken, für die ohnedies auf Jahre hinaus keine Gelder freigegeben
oder politische Bauerlaubnisse zu erwarten sein werden, nicht mehr
zu steigern. Der Luftraum über Deutschland ist sowieso schon an seine Aufnahmegrenzen gestoßen bei Gefahr von Flugzeugkollisionen
über dichtbesiedeltem Gebiet.

Einzig die Wasserstraßen haben noch Kapazitäten. Doch dem daraus sich ergebenden Ziel, alles, was dafür geeignet ist, über die Häfen
als Schnitt- und Kreuzungspunkte, an denen der Umschlag der Güter für den jeweils geeignetsten Weitertransport erfolgen kann, von
Straße, Luftverkehr und Schiene auf die Wasserstraßen zu verlagern,
verschließen sich Grüne und Rote mit aller zur Verfügung stehenden
Hartnäckigkeit seit zwanzig Jahren. Das Argument Nummer Eins pro
Transportverlagerung zumal von der Straße, damit würde am Ende
der Lkw-Verkehr entlastet, ist für sie schlimmer als für den Teufel
Weihwasser.

Dabei nehmen neutrale Beobachter zu ihren Gunsten an, dass es
ihnen wahrscheinlich nicht einmal bewusst ist, wie sehr sie damit dem
größten Natur- und Umweltsünder des Verkehrs, der Lkw-Industrie
von MAN, Mercedes & Co nur in die Hände spielen – eine Zugute-
haltung, der man angesichts übervoller Autobahnen heute schon und
angesichts der Zahlen zur weiteren Entwicklung der Transportvolumina nur schwer folgen kann.

Wäre es anders, müssten sich in den Parteiprogrammen von Grünen
und Sozialisten egal welcher Provenienz und Spendenaufrufen der

vorgeblichen Naturschutzverbände ganz klare Konsequenzen aus der ökologischen Gesamtbilanz gezogen werden. Und die spricht beim ganz offensichtlichen, ohne jahrzehntelange wissenschaftliche Verrenkungen angestellten Vergleich aller Verkehrswege für Gütertransport eindeutig für die Wasserstraße:

- Weniger Lärm,

- weniger Abgase,

- weniger Wasserverschmutzung,

- weniger Umweltbelastung,

- weniger Gefährdung anderer Verkehrsteilnehmer.

Ebenso sind Energieverbrauch und Kosten pro Tonne und Kilometer beim Transport über Wasserstraßen bei weitem am geringsten. Angesichts solcher Fakten können dem unvoreingenommenen Beobachter Parolen wie „Schiene vor Straße" nur als bloße Heuchelei der Binnenschifffahrtsgegner erscheinen.

Die zynische Verlogenheit der Trickser und Fälscher im Bund Naturschutz zeigt sich nicht nur in einer vom Main-Donau-Kanal bis zum Donauausbau anhaltenden betrügerischen Taktik mit falschen Informationen. Bereits beim Kanalbau haben sie Fotos von Baustellen der Schleusen mit den tief eingegrabenen Betonmauern als Schreckensbilder und als Naturlandschaft an der „frei fließenden Donau" wissentlich falsche Fotos an Redaktionen wie der „Süddeutschen Zeitung" verbreitet: vom naturnah zugewachsenen Staugebiet der Donau oberhalb der Staustufe Straubing. Welcher Redakteur kann oder will solche Betrügerei erkennen und entlarven?

So auch beim Donauausbau an der Mühlhamer Schleife. Das Horrorbild eines gigantischen Schleusenbaus in Beton hatte seinerzeit die Ortsgruppe Deggendorf des BUND in die Öffentlichkeit gebracht *(s. Abb. 5 auf Seite 90)*. Sie hatten eigens ein Flugblatt veröffentlicht. Darauf ist eine Fotomontage zu sehen, die ein in grau gehaltenes Foto eines Schleusenwerkes am Main-Donau-Kanal hinter einer farbenfrohen Abbildung einer Auenidylle zeigt. Für den das Flugblatt seinerzeit verantwortenden Dipl.-Ing. Georg Kestel von der BUND-Kreisgruppe Deggendorf ein „legitimes Mittel der Überzeichnung, um so die Dringlichkeit, die Staustufe zu verhindern, der breiten Öffentlichkeit vor Augen zu führen". In Wirklichkeit würde bei Variante C 2,80 nur ein etwa siebzig Zentimeter dicker, nur bei Niedrigwasser wahrnehmbarer Schlauch in den Fluss gelegt *(s. Abb. 6 auf Seite 91)*.

Dieses Wehr hätte eine Fallhöhe von 1,70 Meter bei Mittelwasser. Es wäre somit ein ausgesprochen niedriges, zudem weiches Schlauchwehr, kein gigantischer Schleusenbau, wie die Gegner glauben machen wollen. Der von dem dadurch bewirkten Stau beeinflusste Flussabschnitt wäre nur rund neun Kilometer lang. Der Schlauch wäre ganzjährig überströmt und entfaltete bei Abflüssen über Mittelwasser keine Auswirkung auf die Fließgeschwindigkeit.

Der BUND prangert heute den bei anderen Ausbauvarianten vorgesehenen Kanaldurchstich bei der Mühlhamer Schleife als Schreckgespenst von der „Kanalisierung der Donau" an. Aber noch 1970 hat der BUND getönt: „Wir sind zwar grundsätzlich gegen einen Donauausbau, aber wenn, dann nur mit einem geraden Kanaldurchstich, der die Mühlhamer Schleife vom Schiffsverkehr völlig freihält." Diese Donauschleife ist bekanntlich für Schiffe sehr schwierig zu befahren und sehr gefährlich zudem. Sie gilt als die unfallträchtigste Engstelle zwischen Straubing und Vilshofen, wo im Schnitt einundsechzig bis vierundsechzig Unfälle pro Jahr registriert werden, ein Unfall pro Woche *(s. Abb. 7 auf Seite 91)*. Das Flussbett kann an dieser Stelle nicht weiter vertieft werden, weder durch Ausbaggern noch mit Einbau von Buhnen. Eine Verbreiterung der Fahrrinne ist schon aufgrund der landschaftlichen Umgebung absolut unmöglich.

Zudem setzt der bis jetzt durchgeführte Richtungsverkehr nicht nur navigatorisch, gesundheitlich, charakterlich etc. sehr viele Eigenschaften bei Schiffsführern und Schiffsbesatzungen voraus. Sie sind kaum zu finden. Das verhindern schon andere Parameter wie die immer schlechter werdende Ausbildungssituation in Deutschland und Europa für Schiffspersonal sowie die offenen Grenzen auf der Donau mit dem Gefahrenpotential der Anheuerung von schlecht oder gar nicht ausgebildetem Personal mit Herkunft Osteuropa oder gar Fernost, hier vor allem Indonesien.

Vor diesem Hintergrund halten Fachleute eine weitere Verzögerung der Schließung der Schleife für den professionellen Schiffsverkehr schon heute für nicht mehr vertretbar – von dem Zustand vieler Schiffe

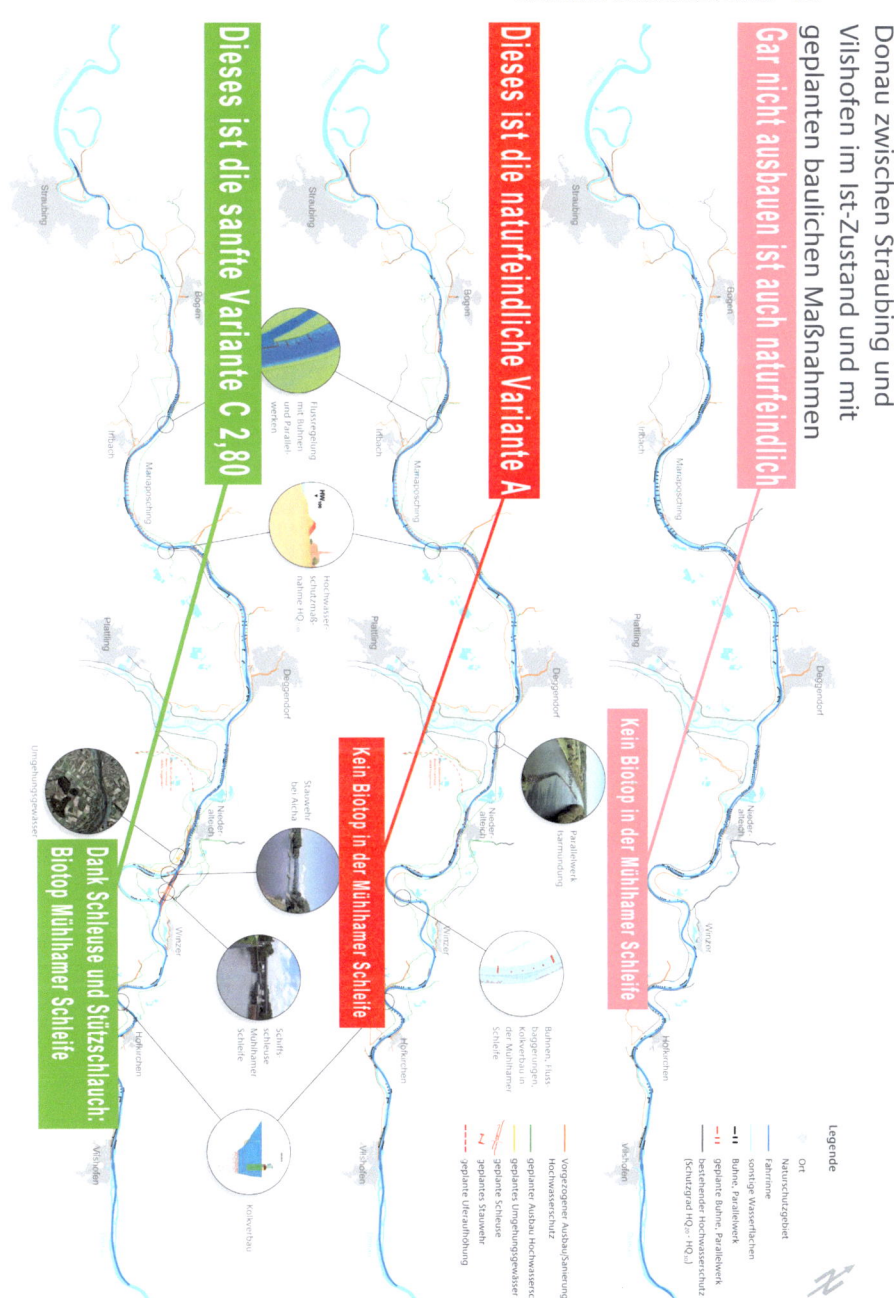

Abb. 8: Sanfte Variante C im Vergleich

ganz zu schweigen. Viele Schiffsbetreiber und vor allem Partikuliere ebenfalls zumal ausländischer Herkunft sehen sich unablässig sinkenden Frachtraten ausgesetzt und außerstande, die für die Bewältigung solcher Gefahrenstellen notwendige technische Ausrüstung vorzuhalten und ihre Schiffe in einem verkehrssicheren Zustand zu halten.

Das alles ließe sich wenigstens zu einem nicht unbeträchtlichen Teil abfangen bei Ableitung der Schifffahrt von der Schleife durch eine abkürzende Stichschleuse, wie sie Variante C 280 vorsieht.

Hinzu kommt, dass durch die Ableitung der Fluss in der Schleife wirklich „frei fließend" gemacht und der Natur zurückgegeben werden könnte. Ein waschechtes Biotop nach bester, idealer Naturschutzlehre könnte hier entstehen. Es bestünden nach einhelliger Meinung von Fachleuten gute Chancen, das rund 360 Hektar große Inselgebiet zwischen Kanal und Mühlhamer Schleife zu erwerben. Es gehört überwiegend einem Bauern, der bislang jedenfalls sich noch verkaufsbereit zeigte, wie Burger erfahren haben will.

Der Lange Marsch durch die Instanzen

Sollten Grüne und Rote nach der Bundestagswahl und der bayerischen Landtagswahl 2013 vom Wähler in politische Pflicht genommen werden, steht zu befürchten, dass auf Jahre hinaus und damit wohl für immer die Chance zu einer sinnvollen Gestaltung des gesamten Donauraumes vertan wird. Daran ändert auch die 2013 aus politischem Kalkül von der bayerischen Staatsregierung gefundene Übergangsregelung kaum etwas.

Sie sieht den Ausbau in den Bereichen vor, bei denen die beiden Varianten A als die von Grünen und der antimaritimen Koalition favorisierte und C als die von der Wirtschaft für unabdingbar gehaltene nahezu deckungsgleich sind. Damit sind zwar auch im Wesentlichen die Bedarfsstellen des Hochwasserschutzes zunächst einmal abgedeckt. Allerdings bleibt ausgerechnet die Gefahrenstelle an der Mühlhamer Schleife und damit die eigentlich aus Natur- und Umweltschutzsicht dringend erforderliche Schaffung eines Biotops dort zunächst außen vor. *(s. Abb. 8 auf Seite 95)*

In einer Pressemitteilung der Bayerischen Staatsregierung zu ihrem Beschluss vom 27. Februar 2013 heißt es zwar: „Es wird nun für die unstrittigen 54 Kilometer der flussbauliche Ausbau nach der sanften Variante A in Angriff genommen. Für den Abschnitt zwischen Isarmündung und der Mühlhamer Schleife werden keine Staustufe und kein Stichkanal gebaut. Der sanfte Donauausbau wird Schifffahrt und Naturschutz gleichermaßen gerecht." [50] Allerdings bestätigen Beobachter die Kritik des BDB, dass im Gegensatz zur Darstellung der Bayerischen Staatsregierung die auch von ihr fälschlicherweise und in nicht begründeter Eilfertigkeit, grünen und roten Ausbaugegnern es gleich zu tun, als „sanft" bezeichnete Variante A im Vergleich zur Variante C 2.80 keineswegs einen sanfteren Ausbau darstellt.

Alle ernstzunehmenden Wissenschaftsexperten sind sich überdies aber darüber einig, dass im Gegenteil Variante A mit erheblich über Variante C hinausgehenden Eingriffen in Natur und Umwelt einhergeht, weit kostenintensiver ist und *de facto* keinen nennenswerten verkehrlichen Nutzen hat. Dies belegt die EU-Studie *(s. Seite 89)*. Nur: „Hier wurde keine Sachentscheidung getroffen, sondern im Vorgriff auf anstehende Landtags- und Bundestagswahlen auf Wählerstimmen geschielt", erkennt vollkommen richtig BDB-Präsident Georg Hötte. Der Interpretation, mit dem Kompromiss gewönnen bayerische Staatsregierung und die beiden Koalitionsparteien Zeit, um dann, sollten sie die Landtagswahl im September 2013 zu ihren Gunsten entscheiden können, möglicherweise doch noch wenigstens in Bezug auf die Mühlhamer Schleife den Hebel umlegen zu können, mögen die Binnenschiffer sich nicht anfreunden.

Im Binnenschifffahrtsgewerbe hat die Entscheidung der bayerischen Staatsregierung deswegen Unverständnis und Enttäuschung ausgelöst. In zahlreichen Aktionen hatten sich Binnenschifffahrtstreibende für den Ausbau der Donau mit Staustufe eingesetzt. Sie halten an der Auffassung fest, die Regierung habe nicht nur den Ausbau in der Variante A beschlossen, sondern zugleich richtungsweisende Entscheidungen für den weiteren Ausbau der Infrastruktur im Streckenabschnitt zwischen Regensburg und Passau getroffen.

So soll dem BDB zufolge das Bayerische Verkehrsministerium unter Beteiligung des Bayerischen Innenministeriums mit dem Bund im Rahmen der Fortschreibung des Bundesverkehrswegeplans (BVWP 2015) in 2014 „ein Gesamtkonzept zur Verkehrsentwicklung auf der Achse Regensburg-Passau abstimmen, das insbesondere die Bundesautobahn A3 und die Bundesstraße B20 sowie das Schienennetz beinhaltet." Darin sieht man beim BDB eine offene Dokumentation, dass die Donau in diesem Streckenabschnitt in den Augen der bayerischen Landesregierung keine Priorität für die Bewältigung des zukünftigen Güterverkehrs habe, da hier der Schwerpunkt ausschließlich bei Straße und Schiene gelegt werde. Zudem habe der bayerische Ministerpräsident Horst Seehofer (CSU) sich bereits Ende Januar 2013 festgelegt, dass es in seiner Amtszeit keinen Donauausbau mit Staustufe, keinen Stichkanal und keine Verfahren dazu geben werde.

Für den BDB gibt es nur ein Fazit: „Seehofers Entscheidung ist eine teure und wenig umweltgerechte Fehlentscheidung, die der Binnenschifffahrt und ihrer Kundschaft gerade im Verhältnis zu den Baukosten keinen ausreichenden Nutzen bringt und zudem keine Kofinanzierung durch die Europäische Union zulässt."

Endgültiges dazu, wie Seehofer sich tatsächlich verhält, wird sich erst nach Ausgang der Wahlen im Herbst 2013 sagen lassen. Fakt ist schon jetzt, dass einem bayerischen Entscheid auf jeden Fall auch der Bund als Eigner der Bundeswasserstraße Donau zustimmen muss. Dort regiert derzeit noch Seehofers Parteikollege Bundesverkehrsminister Peter Ramsauer. Und der hat sich erst am 24. Oktober 2012 noch in Berlin für einen Donauausbau in der Variante C 2.80 ausgesprochen. Wie er sich verhalten wird nach dem Wahltag am 22. September 2013, steht ebenfalls bei Abfassung dieses Buches noch nicht fest.

Sicher ist: Entweder Ramsauer bleibt danach im Amt. Dann ist zumindest zunächst einmal offen, ob er die jetzt erfolgte Entscheidung in München mitträgt oder sein Beharren auf Variante C durchsetzen wird. Bei dieser Frage mitentscheidend dürfte sein, ob die Grünen die FDP in der bayerischen Staatsregierung als Koalitionspartei der CSU verdrängen können. Oder Ramsauer verliert sein Amt und eine von Grün mitgetragene Regierung kommt in Berlin an die Macht. Dann wäre es wohl unausweichlich, dass Ramsauer die bayerische Entscheidung gegen Variante C gemäß den jetzt geäußerten Befürchtungen des BDB mitträgt.

Bündnis 90/Die Grünen im Bayerischen Landtag in Gestalt ihres finanzpolitischen Sprechers, Eike Hallitzky, haben bereits ihre nach wie vor ablehnende Haltung zum Ausbau deutlich gemacht. Nach Hallitzkys Ansicht kommt sowieso auf Donau und Main-Donau-Kanal Containerverkehr größeren Ausmaßes nicht in Frage, allein schon wegen zu niedriger Brücken. Ihm zufolge halten die Grünen den Ausbau für verkehrspolitisch völlig überflüssig und finanzpolitisch daher unverantwortlich. Eine Verschiebung des Donauausbaus sieht auch er in Bezug auf die Verzögerung bei Hochwasserschutzmaßnahmen als Problem, weil diese zum Teil von der Ausbauvariante abhingen.

Hallitzky hält es sogar für möglich, dass die Donau dauerhaft gar nicht ausgebaut wird. Dies wäre für ihn aus ökologischer Sicht zu wünschen. Das hätten alle Umweltverbände und die Umweltbehörden im Raumordnungsverfahren festgestellt. Hallitzky: „Der Erhalt der Biodiversität ist keine Forderung, die sich an die Bewohner von Serengeti und Amazonas-Urwald richtet, sondern eine, die wir auch bei uns ernst nehmen wollen und müssen, wie die hohen volkswirtschaftlichen Folgekosten des Artenschwundes beweisen."

Unter dem Motto „die Schiffe dem Fluss anpassen und nicht umgekehrt" bemühen sich die Grünen seit Jahren um eine bessere Förderung von Schiffen mit geringerem Tiefgang. Die Donau ist ein langer Fluss. Der Weg durch die Instanzen, bis ein kleines Teilstück von rund 70 Kilometer zwischen Straubing und Vilshofen endlich dem Bedarf der europäischen Binnenschifffahrt angepasst werden wird, wäre damit, darin sind sich die Fachleute einig, beendet.

Damit bliebe von den siebenhundert Kilometern der Main-Donau-Wasserstraße von Mainz bis Passau, von denen 630 Kilometer nach europäischem Standard ausgebaut sind, lediglich das rund 70 Kilometer lange Teilstück Straubing bis Vilshofen weiterhin mit seinen bekannten Schwachstellen für die Binnenschifffahrt, vor allem aber für Umwelt- und richtig verstandenen Naturschutz auf ewig verloren. Dass dann noch der jetzt von Bayern kompromisshalber beschlossene Hochwasserschutz wenigstens auf zehn oder dreißig Jahre, von hundert Jahren ganz zu schweigen, kaum effizient gehalten werden kann, ist unter Fachleuten unzweifelhaft.

Damit aber ist auch der Nutzen der übrigen weitgehend ausgebauten 630 Kilometer aus Sicht der Binnenschifffahrt ganz wesentlich in Frage gestellt. Wem soll er dann noch nutzen, wenn die Abladetiefe auf diesem einen Streckenabschnitt bei Niedrigwasser auch weiterhin nur 1,60 Meter beträgt und eine Abladetiefe von benötigten mindestens 2,50 Meter nur an ganzen 165 Tagen im Jahr gewährleistet ist? Was das bedeuten könnte, davon bekamen Fahrgäste des Münchener Verkehrsverbundes im Sommer 2013 eine leise Ahnung, als es mehrere Wochen lang auf der Stammstrecke von Pasing zum Ostbahnhof auf einmal aus dem Lautsprecher der S-Bahn tönte: „Werte Fahrgäste! Bitte aussteigen! Der Zug endet hier. Ein Schienenersatzverkehr ist eingerichtet. Bitte folgen Sie den Schildern mit der Aufschrift SEV!"

Die dadurch hervorgerufenen gravierenden Leistungsbeschränkungen bestimmen die Leistungsfähigkeit der gesamten Wasserstraße. Sie führen dazu, dass die bisher getätigten Investitionen in den Ausbau von rund 90 Prozent der Strecke nicht ihren vollen Nutzen entfalten können. Übers Jahr müssten Befrachter und Schiffsführer mit Schwankungsbandbreiten zwischen Hoch- und Niedrigwasser von nur 14 Tagen rechnen. Allein im Jahr 2000, einem durchschnittlichen Bezugsjahr, war die Schifffahrt auf dem Teilstück über die Hälfte des Jahres beeinträchtigt, im Jahr 2003 war sie es gar während geschlagenen neun Monaten.

Bei derart unsicheren Bedingungen ist es für ein Unternehmen beispielsweise in Mannheim, das einen Transport über dieses Donau-Teilstück plant, ein reines *Va-Banque*-Spiel. Man kann nie genau vorhersagen, ob der Transport mit oder ohne Leichterung im bayerischen Donauabschnitt und den damit verbundenen Zeitverlusten und Unkosten durchgeführt werden kann. Im Zweifelsfall entscheidet man sich gegen den Transport per Schiff, da die Gefahr, leichtern zu müssen, und die Strafe für Nichtleichterung sowie die Unfallgefahr zu groß sind. Zwischen Straubing und Vilshofen werden im Schnitt 61 bis 64 Unfälle pro Jahr registriert, ungefähr ein Unfall pro Woche.

Variante A: Die Steinigung der Donau

Vor dem Hintergrund dieser desaströsen Situation hatten sich Bund und der Freistaat Bayern bereits vor Jahren dazu entschlossen, auszubauen. Die Varianten B und E waren auf Druck von Naturschutz und Grünen vorzeitig ausgeschlossen worden. Im Raumordnungsverfahren (ROV) wurden noch die Varianten A (vom Bund), C/C 2,80 und D2 vom Freistaat Bayern geprüft.

2012 hatte ich die ehrenvolle Aufgabe, dem OstWestWirtschafts-Club Bayern e.V. (OWWC) bei seinen vielfältigen Aktionen für einen Donauausbau nach Variante C 2,80 beratend zur Seite zu stehen. Unter anderem übertrug man mir dabei die Moderation der Zentralveranstaltung zum Donauausbau mit dem von mir vorgeschlagenen Motto „Vitamin C für die Donau", unmittelbar vor der Veröffentlichung der Schlussergebnisse der variantenunabhängigen EU-Studie zum Donauausbau im Herbst 2012. [51] An der Veranstaltung nahm neben dem OWWC-Präsidenten und CSU-Landtagsabgeordneten Eberhard Sinner auch der Präsident des BUND, Prof. Dr. Hubert Weiger, teil.

Er hatte vor einer Teilnahme zurückgescheut aus Angst, einer gegen BUND-Positionen zum Donauausbau ausgerichteten Veranstaltung ungewollt Unterstützung zuteil werden zu lassen, zumal Bundesverkehrsminister Dr. Peter Ramsauer per Video live zugeschaltet war. Die Befürchtung erwies sich jedoch als unbegründet. Prof. Weiger nach der Veranstaltung zu mir: „Es war eine sehr wichtige Veranstaltung, die geholfen hat, viele Missverständnisse geradezurücken. Sie haben die Veranstaltung sehr objektiv geleitet. Vielen Dank!"

Der OWWC hat immer wieder auf die Bedeutung der Wasserstraße hingewiesen und aufschlussreiches Zahlenmaterial zum gesamten Donauraum, der von dem Ausbau in Bayern abhinge, zusammengetragen. Danach sind mittelbar oder unmittelbar 115 Millionen Menschen zwischen Schwarzwald und Schwarzem Meer in vierzehn Nationen betroffen. An Förderung flossen in den Raum einhundert Milliarden Euro in den Jahren 2007 bis 2013 aus der europäischen Regionalpolitik. Noch einmal so viel werden für Förderung bis 2020 veranschlagt.

Der Ausbau diene unter anderem der Verbesserung der Mobilität, fördere die Nutzung nachhaltiger Energien sowie Kultur und Tourismus, Wiederherstellung der Wasserqualität, Management von Umweltrisiken und Erhalt der Artenvielfalt.

Der OWWC verweist auf die immense Bedeutung einer durchgängigen Donaustrategie für Industrieansiedelungen und in der Folge davon von Arbeitsplätzen und Wohlstandssicherung. Thomas Dexl, früherer Präsident des Bayerischen Hafenforums e.V. in Deggendorf und Beauftragter des OWWC für den Donauausbau: „Bereits heute gehen zwanzig Prozent des bayerischen Exports in die stark wachsende Donauregion. Die Binnenschifffahrt auf der Donau verbindet mit den Schwarzmeerregionen und bindet über Don und Wolga auch Russland und Zentralasien an. Jobs entstehen in der *blue economy* bzw. *green economy* 2.0."

Der Club warnt zudem unablässig vor den Folgen eines Nichtausbaus. Der Fluss tiefe sich in fünfzehn Jahren dreißig Zentimeter ein, mit allen verheerenden Folgen für den Grundwasserspiegel und alles, was von ihm abhängt. Sinner: „In jedem Fall muss ein Ausbau stattfinden. Eine Null-Variante (kein Eingriff) kann es nicht geben." Maßnahmen zur Sohlestabilisierung der Donau sind Sinner zufolge auch im Ist-Zustand notwendig. Auch nach dem Ausbau sei dies in ähnlicher Weise notwendig, damit nachteilige Auswirkungen auf die Landwirtschaft, flussnahe Bauwerke und Siedlungen sowie auf die Vegetation der vorhandenen Flussauen vermieden werden.

Aber auch mit Variante A geht der Club hart ins Gericht. Die Variante A besteht im Wesentlichen aus flussregelnden Maßnahmen. So sieht sie den Einbau neuer und die Verlängerung vorhandener Buhnen und Leitwerke sowie Sohlbaggerungen vor. Auf siebzig Kilometer sind in Variante A flussregelnde Maßnahmen geplant. Die Fahrrinnentiefe würde durch Flussbaggerungen vergrößert. Geschiebezugaben wären auf der gesamten Strecke nötig. Somit zielte Variante A nicht, wie Ausbaugegner suggerieren, auf den Erhalt des jetzigen Status`. Im Gegenteil: sie würde massive Baumaßnahmen notwendig machen. Dexl: „Variante A sieht vor, sechshunderttausend Kubikmeter Wasserbausteine in den Fluss einzubringen. Die Donau würde gesteinigt."

Damit kann allenfalls eine Verbesserung des Ist-Zustandes in der Weise erreicht werden, dass bei Niedrigwasser eine Abladetiefe von 1,80 Meter erzielt würde – eine Vertiefung um lediglich zwanzig Zentimeter. Damit erhöhte sich die Zahl der Tage, an denen der Schifffahrt eine Abladetiefe von 2,50 Meter zur Verfügung stünde, auf 185 Tage im Jahr – also lediglich eine Verbesserung um 20 Tage, nicht einmal ein Monat.

Dadurch wird das Unfallrisiko aber in keiner Weise entschärft. Im Gegenteil: Hier ist dem ROV zufolge bei einer zur Verfügung stehenden Breite der Fahrrinne von nur zwischen 40 und 70 Metern durch die erforderlichen weiteren Einbauten und die erwartete Verkehrszunahme ein weiterer Anstieg zu erwarten. Die Zahl der Engstellen von derzeit 46 zwischen Straubing und Vilshofen würde nicht verringert.

Mögen den Gegnern eines Ausbaus die Nachteile für die Binnen-schifffahrt relativ egal sein, so vermag die Variante A auch nicht durch ihre Auswirkungen auf die Umwelt zu überzeugen, ein Ziel, das man bei ihnen eigentlich als vorrangig vermuten würde. So sieht diese Variante im Isarmündungsgebiet umfassende Baumaßnahmen vor. Hier muss der bislang natürliche Isar-Schüttkegel, der durch Geschiebeeintrag aus der Isar gebildet wird, unter allen Umständen erhalten bleiben. Grund: Er stützt den Wasserspiegel der Donau hinauf bis Straubing und ist damit für die Schifffahrt, vor allem aber auch für die Beibehaltung des Uferbewuchses und damit den Erhalt von Flora und Fauna sowie des Fischbestandes dort unverzichtbar.

Ein weiterer Pluspunkt gegenüber der Variante A kann die C-Variante im Gebiet der Isarmündung vorweisen. Bei Variante A ist dort eine Auffächerung der Isarmündung in Form ihres ursprünglichen Deltas nicht möglich. Das Isarwasser würde ins Vorland abgeleitet und dann als Abflussmenge der Donau fehlen. Um diesen Mangel auszugleichen, käme bei Variante A als Ersatz ein riesiges Parallelwerk zum Einsatz, mit beträchtlichen Baukosten und negativen Folgen für Natur und Umwelt in diesem hochsensiblen Ökosystem.

Davon nichts bei Variante C. Hierbei entstünde mit der Renaturierung des Isarmündungsbereiches, der schifffahrtsfreien Mühlhamer Schleife etwas weiter flussabwärts und der Anlage eines Umgehungsgewässers auf siebzehn Kilometer eine vitale Auenlandschaft. Diese Auenlandschaft würde sich am Leitbild der ursprünglichen Donau orientieren. Mit Kosten von 500 Millionen Euro läge die Variante C schließlich zwischen den anderen beiden Varianten.

Mit der in Variante A vorgesehenen Stabilisierung der Isarsohle aber würde kein Geschiebeeintrag aus der Isar in die Donau erfolgen, so dass für den Ist-Zustand und die Variante A der vorhandene Schüttkegel mit einem rund 800 Meter langen Parallelwerk aus Wasserbausteinen gesichert werden müsste – ein tiefer Eingriff in die Ökologie. Nur so lässt sich ein Wasserspiegelverfall der Donau in Richtung Straubing verhindern und die Schifffahrt bei Niedrigwasser aufrechterhalten.

Was das Verhältnis von Bedarf und Leistungsfähigkeit betrifft, liegt die Leistungsfähigkeit bei dieser Variante mit jährlich nur rund neun Millionen Tonnen weit unter dem festgestellten Bedarf von künftig rund 11,3 Millionen Tonnen pro Jahr und nur geringfügig über dem heutigen Zustand von 8,5 Millionen Tonnen. Allerdings wäre diese Variante mit veranschlagten Kosten von rund 365 Millionen Euro die billigste der drei geprüften Varianten. Obgleich es bei dieser Variante sehr wohl zu zum Teil erheblichen Eingriffen in die Ökologie kommt, sehen antimaritime Naturschützer und Umweltpolitiker u.a. der Grünen in ihr den einzigen möglichen Kompromiss.

Den Idealfall für die Binnenschifffahrt hätte zweifelsohne die in dem ROV ebenfalls geprüfte Variante D2 dargestellt. Sie sah drei niedrige Stützschwellen vor:

● die erste bei Waltendorf, ungefähr auf halber Strecke zwischen Straubing und Deggendorf, von 1,1 Meter über Mittelwasser.

● die zweite von 1,7 Meter bei Aicha unterhalb Deggendorf auf etwa halber Strecke nach Vilshofen in der Mühlhamer Donauschleife.

● die dritte oberhalb Vilshofen von 1,6 Meter über Mittelwasser.

Mit diesen Stützschwellen wäre eine Abladetiefe von mindestens 2,50 Meter ganzjährig herstellbar gewesen. Die Schifffahrt hätte auf der ganzen Strecke 80 Meter Fahrrinnenbreite. Diese Variante wäre mit 680 Millionen Euro zu teuer und nicht naturfreundlich gewesen.

Die Varianten C und C 280 wurden schließlich von der Regierung von Niederbayern als raumverträglich qualifiziert. Sie würden nach deren Einschätzung aufgrund des ROV von 2008 [52] zu einer erheblichen Verbesserung der Schifffahrtsverhältnisse führen.

Mit dem Ausgleichskonzept würden die Durchgängigkeit des Fließgewässersystems weitgehend wiederhergestellt und Auenlebensräume funktionsfähig erhalten oder gar neu begründet. Nach den Gutachten zum ROV könnte damit ein Zustand erreicht werden, der näher am Leitbild der ursprünglichen Donau läge als der heutige Zustand. Im direkten Vergleich der beiden Varianten konnte Variante C 280 wegen des nochmals höheren Nutzens als zu bevorzugen eingestuft werden.

Beide Varianten verbinden flussregelnde Maßnahmen wie bei Variante A mit nur einer Stützschwelle mit der bei Aicha der Variante D2.

Zudem würde der in dieser Variante geplante Stichkanal an der Mühlhamer Schleife ermöglichen, die Schleife selbst schifffahrtsfrei zu halten und trotzdem sicherzustellen, dass sie bei Niedrigwasser bis Hochwasser voll durchströmt bliebe.

*Abb. 9: Fast wia am richt´gen Amazonas: Was BUND und Grüne nicht wahr-
haben wollen – dies ist die Donau bei Vohburg nahe Ingolstadt ...*

*Abb. 10: ... Biotop und freifließende Donau wegen Ausbaus, wie sie es bei
Variante C auch in der Mühlhamer Schleife sein könnte.*

Bei der Untervariante C 280 wären gegenüber der Variante C tiefere Sohlbaggerungen im Abschnitt Straubing-Isarmündung und Winzer-Vilshofen vorgesehen, die durch die Stützschwelle erst möglich würden. Damit stünde bei dieser Untervariante der Schifffahrt bei Niedrigwasser eine Abladetiefe von 2,30 Meter zur Verfügung. An 290 Tagen im Jahr würde eine Abladetiefe von mindestens 2,50 Meter erreicht, weswegen sie dem Ausbaustandard der bereits ausgebauten Strecken und dem von der EU angestrebten Ausbauziel sehr nahe käme. Überdies würden 60 Prozent der Engstellen beseitigt.

Hinzu kommt, dass dank der Entlastung durch den Stichkanal die Mühlhamer Schleife renaturiert werden könnte und von der Isar bis unterhalb der Stufe bei Aicha ein Umgehungsgewässer gebaut würde. Damit aber ergäben sich große Spielräume für einen Ausgleich der Eingriffe in Natur und Landschaft.

Mehr noch: die Freistellung der Mühlhamer Schleife vom Schiffsverkehr ermöglichte die Schaffung eines sieben Kilometer langen Donauabschnittes, in dem sich die Donau ungestört entwickeln könnte. Das Umgehungsgewässer würde Nebenrinnen der Donau folgen, die kein Wasser mehr führen. Die Donau bliebe in ihrem Flussbett.

Nur bei Variante C 2,80 würde Dexl zufolge eine sechzehn Kilometer lange, durchgehende Auenlandschaft von der Isarmündung bis zur Mühlhamer Schleife entstehen, die Schleife selbst zum Naturparadies. Das hätten schon die Untersuchungen zur Ökologie, einer der Schwerpunkte der EU-Studie, ergeben, wichtige Entscheidungsgrundlagen für die Variante C 2,80.

Behauptungen der Grünen, dass die Mühlhamer Schleife zu Altwasser würde, werden von den tatsächlichen Auswirkungen nicht gestützt. Die Schleife bliebe der Donaufluss. Für die Schleuse würden nur 40.000 Liter pro Schleusung benötigt, insgesamt nicht zwei Prozent der Abflussmenge. Im Durchstich hätte diese die Dimension der Altmühl und würde die Durchgängigkeit voll erhalten. Wie die Mühlhamer Schleife nach einem Umbau aussehen könnte, veranschaulichen Bilder von der Donau bei Vohburg flussaufwärts in der Nähe von Ingolstadt. Dort war in den 1990er Jahren eine ähnliche Maßnahme durchgeführt worden. Ergebnis: eine renaturierte Flussuferlandschaft mit neu geschaffenem, künstlichem Gerinne. Ein Dschungelbiotop – fast wia am richtgen Amazonas *(s. Abb. 9 u. Abb. 10 auf Seite 105)*.

Energiewende und Naturschutz

Von den Auswirkungen des Super-GAUs Fukushima in Verbindung mit Tsunami und Erdbeben am anderen Ende der Welt blieb in der Tat auch der Wasserbau in Deutschland nicht verschont. Vor allem die in der Folge der Reaktorkatastrophe in Japan in Gang gesetzte Energiewende in Deutschland stellt hohe Anforderungen an hiesige Wasserstraßen und Hafeninfrastruktur. [53]

Denn: Damit die von der Bundesregierung und der EU gesetzten Energie- und Umweltziele erreicht werden können, müssen, wie Offshore-Industrie, Logistiker und Wasserbauexperten auf dem Kongress der Hafentechnischen Gesellschaft (HTG) 2011 in Würzburg deutlich machten, Häfen und Wasserstraßen bis 2020 leistungsfähiger werden.

Insbesondere auf dem Auge der Wasserkraft zur Meisterung der von ihnen seit ihrem Bestehen angestrebten Energiewende weg von nuklearen und fossilen hin zu erneuerbaren Energien haben sich Bündnis 90/Die Grünen ebenso wie ihre Vorbeter in den selbsternannten Naturschutzverbänden immer blind gezeigt.

Dabei gibt es in Deutschland bereits seit langem eine Vielzahl von Beispielen, wo Wasserkraft äußerst ökologisch zur Gewinnung von Energie herangezogen wird. Und auch für die Zukunft sind neue technologische Entwicklungen bereits auf den Weg gebracht. Ein künftiger Energiemix ohne eine Ausweitung des Anteils von Wasserkraft ist für viele Experten kaum noch vorstellbar.

Schon in der Bronzezeit nutzten die Menschen strömendes oder aufgestautes Wasser, um die Schwerkraft des Wassers zu nutzen. Der Einsatz von Wasserrädern lässt sich bis in das 3. Jahrhundert v. Chr. zurückverfolgen. [54] Hier wurden wassergetriebene Schöpfwerke zur Bewässerung von landwirtschaftlichen Flächen sowie zur Trinkwasserversorgung eingesetzt. Da der Strom der Zukunft nicht mehr aus Kernkraft und fossilen Brennstoffen gewonnen werden wird, genießt auch die Wasserkraft als erneuerbare Energiequelle wieder eine erhöhte Aufmerksamkeit. Auch am Neckar hat die Wasserkraftnutzung eine lange Tradition. Zwischen Schwenningen und Mannheim arbeiten rund 70 Wasserkraftanlagen und erzeugen im Jahr etwa 600 Gigawattstunden Strom. Damit können rund 150.000 Vier-Personen-Haushalte versorgt werden.

Wie wird aus Wasser Strom? In einer Wasserkraftanlage wird die Bewegungs- und Lageenergie der Wassermassen in mechanische Energie umgewandelt. Mit Hilfe eines Stauwehres wird das Wasser aufgestaut und damit auf einem möglichst hohen Niveau gehalten. Das aufgestaute Wasser fließt dann von oben auf die Schaufeln einer Turbine, die durch ihre Rotation einen angeschlossenen Stromgenerator betreibt. Dieser wandelt die mechanische Energie in Strom um. Die Wasserkraftanlagen am Neckar leisten zwischen zehn Kilowatt und acht Megawatt, wobei die größeren Anlagen vor allem an der Bundeswasserstraße angesiedelt sind. Diese Anlagen produzieren etwa zehn Prozent des gesamten Wasserkraftstroms in Baden-Württemberg.

An der Donau wird Wasserkraft vergeudet

Obwohl die Nutzung der Wasserkraft im Sinne der von Grün-Rot gewünschten Energiewende läge, wird es eine von der Energiedebatte beeinflusste Wende in der Ausbaustrategie für die Donau in Bayern nicht geben. Ursprünglich waren bei der Variante C 280 drei Wasserkraftwerke geplant; zwei wollte der Bund unter Kanzler Helmut Kohl noch genehmigen, auf Betreiben vom Bund Naturschutz hatte sie dann die rot-grüne Bundesregierung unter Kanzler Gerhard Schröder alle gestrichen. Burger: „Sie wären jetzt mühelos wieder einzuplanen. Doch auch gegen erneuerbare Wasserkraft kämpfen die Öko-Grünspechte vom BUND bereits an. Ideologie schaltet die Vernunft aus – auch ökologische." [55]

Beobachter machten am Rande des HTG-Kongresses für diese Haltung die offizielle Strategie der Politik in Bund und Freistaat Bayern verantwortlich. Unter dem Druck der Wahlerfolge der Grünen und der SPD wünscht sie keine Diskussion um eine Wiederbelebung der Kraftwerkspläne im Zuge des Donauausbaus. Sie wollte nicht den Stillhaltekonsens gefährden, der auf ein Abwarten der Ergebnisse der EU-Studie zum Donauausbau abzielte. Ein Teilnehmer des HTG-Kongresses meinte zu mir damals: „Es ist doch verständlich, dass man nicht den Kopf aus der Deckung nehmen möchte. Damit würde man nur wieder Wasser auf die Mühlen der Ausbaugegner insgesamt schaufeln." Dass noch 2011 gemachte Andeutungen des Parlamentarischen Staatssekretärs im Bundesverkehrsministerium, Dr. Andreas

Scheuer (CSU), nach den Wahlen 2013 Bestand haben, aus energiepolitischen Erwägungen könnten die beiden ursprünglich im Zuge eines Donauausbaus in Bayern geplanten, dann auf Druck von Grünen, Umwelt- und Naturschutz aus der Planung gestrichenen Wasserkraftwerke wieder ein wichtiger Pfeiler in der Energiepolitik von Bund und Bayern werden, ist kaum zu erwarten. [56] Um hier den weiteren Prozess zum grundsätzlichen Donauausbau nicht zu gefährden, scheuen sich Bund und Freistaat bislang, dieses heiße Eisen anzufassen.

Voraussetzung für weitere Überlegungen zu den Donauwasserkraftwerken auf Bundesebene wäre Scheuer zufolge eine entsprechende Initiative des Freistaates. Scheuer: „Da ja der Bundesverkehrsminister, Dr. Peter Ramsauer, selbst Müllermeister und Inhaber einer Mühle mit einem kleinen Kraftwerk, aus eigener Erfahrung ein starker Wasserkraftwerkskenner ist, haben wir diese Frage bereits im Bundesverkehrsministerium fachlich einmal erörtert." Das war's aber auch.

So bleibt es vorerst dabei: Wasserkraft wird an der Donau weiter vergeudet, egal welche Kosten es dem Stromverbraucher auf der Stromrechnung hernach verursacht.

Milliarden für Fischaufstiegsanlagen

Dass auch die WSV sich ihrer ökologischen Verpflichtungen sehr wohl bewusst ist und diese im Rahmen ihrer Verantwortung für Binnenschifffahrt, Energieerzeugung aus Wasserkraft und Wasserstraßenbau nicht aus dem Auge verliert, zeigt das Beispiel der Fischauf- und -Abstiegsanlagen. Erst im März 2010 ist mit der Neufassung des Wasserhaushaltsgesetzes die WSV mustergültig wieder an vorderster Front in die Pflicht genommen worden, die fischökologischen Aspekte beim Betrieb der Wasserstraßen des Bundes zu berücksichtigen. Die WSV führt, wie es in dem Gesetz heißt, „bei Stauanlagen an Bundeswasserstraßen, die von ihr errichtet oder betrieben werden, die erforderlichen Maßnahmen im Rahmen ihrer Aufgaben nach dem Bundeswasserstraßengesetz hoheitlich durch".

Dabei sind der Bund als Eigentümer der Bundeswasserstraßen und die WSV, die mit deren Instandhaltung von ihm beauftragt ist, von jeher der Interessensgegensätze von Naturschutz und Schifffahrt bewusst. Stauhaltungen in ansonsten frei fließenden Flüssen gewährleisten der Schifffahrt zwar stabile Fahrwasserverhältnisse, versperren aber den Fischen auf ihren Wanderrouten den Weg. Insbesondere können sie flussaufwärts ihre Laichgebiete nicht mehr erreichen, scheitern beim kräftezehrenden Versuch, Barrieren zu überspringen. Nur wenn Fische die Stauanlagen schadlos überwinden können, wird sich die Vielfalt der Arten in den Flüssen erhalten können, sagen Naturschützer.

Seit über hundert Jahren werden Fischaufstiegsanlagen von den Ländern gebaut. Um seine Bundeswasserstraßen künftig nicht nur verkehrswirtschaftlich, sondern auch ökologisch verträglich zu gestalten, hat der Bund beizeiten einen entsprechenden Maßnahmenkatalog entwickelt. An 250 der bundesweit errichteten Stauanlagen baut die WSV Fischwechselanlagen neu und erhält so die ökologische Durchgängigkeit der Bundeswasserstraßen. Insgesamt wird der Aufwand für diese Maßnahmen bei einer Laufzeit von zehn bis fünfzehn Jahren auf rund eine Milliarde Euro beziffert. Damit diese finanziell ambitionierte Aufgabe ökonomisch wie ökologisch nachhaltig angegangen werden kann, wurden die Einzelmaßnahmen nach sorgfältiger Prüfung priorisiert, d.h. nach Dringlichkeit abgestuft.

Vorangegangen waren umfangreiche technische und biologische Untersuchungen, Standortbestimmungen und eine Abstimmung mit den Bewirtschaftungsplanungen, die die Länder im Rahmen der Europäischen Wasserrahmenrichtlinie durchführen. Im Südwesten Deutschlands stehen acht Projekte in den priorisierten Gruppen. Es sind Fischaufstiegsanlagen oder Umgehungsgerinne an den Bundeswasserstraßen Neckar, Mosel und Lahn vorgesehen. Die Wasser- und Schifffahrtsämter in Trier und Stuttgart sowie das Amt für Neckarausbau Heidelberg kümmern sich mit den Pilotstandorten Lehmen (Mosel) und Kochendorf (Neckar) als erste um eine höhere ökologische Durchlässigkeit.

Weiter besteht Handlungsbedarf für die Ruhr vom Rhein bis Mülheim (rund zwölf Kilometer) und die Ems zwischen Rheine und Herbrum bei Papenburg. Dort sind große Teile der Wasserstraße staugeregelt.

Als diese Stauanlagen gebaut wurden, war umweltgerechtes Wirtschaften noch nicht so stark an der ökologischen Durchgängigkeit orientiert. Bei heutigen Neubaumaßnahmen baut die WSV ihre Anlagen

zwar nach wie vor schifffahrtsgerecht, aber in erheblich ausgeweite-
tem ökologischem Maß. So geschehen an der Ruhr beim Neubau des
Wehrs Raffelberg. Dort entstand im Auftrag der WSV bereits 2006 auf
der Nordseite der neuen Wehranlage ein Fischaufstieg, der den heutigen biologischen und ökologischen Erkenntnissen vollauf genügt. Er
wird in Abstimmung mit den zuständigen Fischereibehörden betrieben und gewartet.

Ein weiterer Fischaufstieg in Form eines Umgehungsbaches wurde
bereits einige Jahre früher vom Land Nordrhein-Westfalen am Kraftwerk Raffelberg initiiert.

Für die Ruhr und die Ems ist der Bau weiterer Fischaufstiegsanlagen bereits in der ersten Umsetzungsphase geplant. Für die Ruhr
betrifft dies die Schleuse Duisburg, für die Ems um die Staustufen
Rheine, Geeste und Varloh. Der Baubeginn ist frühestens für 2014
vorgesehen. [57]

Schluss

Tressen tragen nicht nur Seekapitäne

In Frankreich kann ein Staatspräsident wie Nicolas Sarkozy fast im Alleingang erforderliche Maßnahmen durchsetzen. Kein Grünen-Politiker kann ihm ernsthaft in die Parade fahren. Das tat er für die Binnenschifffahrt, als er seine Ankündigungen sozusagen im Hauruckverfahren durchpaukte. 2009 kündigt er an, den Anteil der Binnenschifffahrt am Transport in Frankreich binnen zehn Jahren, also bis 2019 zu verdoppeln. Bereits zwei Jahre später tut sich in Frankreich einiges. Sogar deutsche Spezialisten wie die Wasserbauexpertin Dr.-Ing. Manuela Osterthun von der WSD Mitte wurde konsultiert, wie man den Jahrhundertkanal CSNE am besten ins Werk setzen könne. [58]

Nicht genug damit, dass der französische Staatspräsident schon mal höchstpersönlich ein solches Binnenschifffahrtsprojekt eröffnet – nein, in Frankreich setzen sich auch Verantwortliche von Straße, Bahn und Binnenschifffahrt an einen Tisch, während man sich in Deutschland von Eisenbahnern und Lkw-Bauern diktieren lässt, wo es langgeht. Liegt es nur daran, dass es in Frankreich keine übermächtige Lkw-Industrie gibt, dass im Einvernehmen mit Denkmal-, Umwelt- und Naturschutz ein gigantisches Jahrhundertbauwerk der Wasserstraße in kürzester Zeit, in Deutschland minimale Ausbauprojekte nicht einmal in dreißig Jahren realisiert werden, weil Lkw-Hersteller und selbsternannter Naturschutz es nicht wollen?

Das Problem in Deutschland ist nicht, dass Bundeskanzlerin Angela Merkel vor oder nach einer möglichen Wiederwahl sich beim Begrüßungs-Bussibussi von Sarkozy-Nachfolger François Hollande flüstern lassen könnte, wie wichtig die Binnenschifffahrt nicht nur für Frankreich, sondern für ganz Europa und Deutschland ist. Das Problem wäre auch nicht, dass sie als politische Enkelin Adenauers es damit nicht einem politischen Enkel des einstigen französischen Außenministers Robert Schuman, Gründervater von Montanunion und Europäischer Union, nicht gleich tun und die Binnenschifffahrt mindestens so weit nach oben auf der politischen Agenda rücken möchte wie Sarkozy. Sie könnte als Gründungsmutter der Maritimunion Geschichte schreiben.

Das wirkliche Problem ist nicht die Kanzlerin und nicht der Minister, sondern die Öffentlichkeit in Deutschland – und hier ist die antimaritime Koalition Herr im Ring. Solange die Öffentlichkeit nicht von der Binnenschifffahrt nachhaltig überzeugt ist, wird sich auch an der Politik und ihren Webfehlern in Sachen Binnenschifffahrt nichts ändern. Sie zu überzeugen, ist allerdings nicht so leicht, zumal Kräfte auf dem gegenüberliegenden politischen Ufer zugange sind, die das genaue Gegenteil davon im Schilde führen.

Stuttgart21 war der Steigbügel für die rotgrüne Koalition in Baden-Württemberg – und Stuttgart21 ist nun ihr Schicksal. Fast ebenso sahen bislang viele Grünenpolitiker ihre Gegnerschaft gegen Binnenschifffahrt als ihre Chance, sich politisch zu profilieren. In Magdeburg sprachen B 90/Grüne auf einer Elbe-Konferenz der Elbschifffahrt jegliches Existenzrecht ab, in Bayern wollen sie aus dem Donau-Ausbau eine Schicksalsfrage der Nation basteln.

Jetzt müssen sie aufpassen, dass daraus nicht wieder ihr Schicksal wird. Beispiele aus Niedersachsen gibt es zur Genüge, wie umweltfreundlich und naturschutzfördernd sich eine vernünftige Wasserstraßenpolitik auf die Gesamtstruktur auswirken kann. Der Main-Donau-Kanal ist ein anderes berühmtes Beispiel: erst verteufelt bis zum Gehtnichtmehr, heute schreiben es sich mittlerweile grüne Lokalpolitiker auf ihre Fahnen, dass die Altmühl so wunderbare Urständ als naturbelassener Strom in einem Kanalgewand feiern kann.

Was also kommen muss, so scheint es, kommt auch so. Mittlerweile mag sich der baden-württembergische Ministerpräsident Winfried Kretschmann, ein Grüner, nicht mehr eindeutig gegen den Donauausbau vereinnahmen lassen. Im engen Mitarbeiterkreis lässt er dann schon mal anklingen, dass auch Baden-Württemberg auf eine durchgängig mit 2 Meter 80 Abladetiefe befahrbare Donau in Bayern nicht mehr länger verzichten kann. Kretschmann denkt dabei durchaus klientelbewusst. Immerhin liegt in seinem Herrschaftsbereich der zweitgrößte Binnenhafen Europas: Mannheim. Auch dessen Zukunft entscheidet sich mit dem Ausbau der Donau im fernen Bayern: Welthafen mit Durchgangsverkehr zwischen Nordsee und Schwarzem Meer mit Arbeitsplätzen und Umsätzen werden oder als Sackhafen in der Hinterlandprovinz für Regionalverkehre der großen Brüder an der Nordsee mit kaum Wachstumspotential verkümmern.

In fast vier Jahren Chefredaktion der Fachzeitschrift „Binnenschiff-fahrt", der wichtigsten unter den für diese Branche im deutschspra-chigen Europa relevanten Informationsmedien, habe ich die wider-strebenden Kräfte der europäischen und deutschen Politik hautnah erleben können. Ich habe in Gesprächen mit Regierungsvertretern, Politikern der Opposition und früherer Regierungen einen Einblick erhalten in die Ränkespiele um die Beibehaltung des dritten, des viel-fach verkannten Verkehrsträgers, Binnenschifffahrt.

Dabei ist mir klar geworden, dass die Binnenschifffahrt an ihrem eigenen Mangel an Selbstbewusstsein krankt. Den Binnenschiffern selber kann man dabei keinen Vorwurf machen. Sie haben damit zu tun, ihre Schiffe zu beladen, Frachten zu ergattern, das Geld für ihre einmalige Leistung zu bekommen. Sie, die dafür sorgen, dass wir Nor-malbürger unser täglich Brot auf den Tisch bekommen, warm anzu-ziehen haben, mit allem ausgestattet werden, was das Leben erfordert. Entgegen der Ansicht vieler Schiffskapitäne, für die die Elbe letztlich nur eine „Pissrinne", wie es ein hochgestellter Funktionär eines See-schifffahrtsverbandes mir gegenüber einmal ausdrückte, ist und der Rhein allenfalls eine Fortsetzung des Meeres mit dem Kümo, sollten eigentlich die Binnenschiffskapitäne Tressen tragen.

Die Höhe des aus dem Wasser ragenden Schiffsrumpfes sollte nicht der Maßstab für stolz zur Schau getragenes Selbstbewusstsein sein, dem Vorgedrängele der Seeschiffe an den Containerbrücken der See-häfen vor den Binnenschiffen endlich ein Ende gesetzt werden. Was wird die Seeschifffahrt sein ohne das Binnenschiff, wenn schon bald Eisenbahnschienen verrostet ins Niemandsland führen und Lkw-Staus die Autobahnen zum An- und Abtransport hoffnungslos versperrt ha-ben werden? Sie wird ein König ohne Land sein, wie der Tiefseehafen ohne Binnenschiffsanschluss, der nur mit dem Panamax-Container-schiff angefahren werden kann, oder wie einst der Flughafen Mün-chen, der anfangs nur mit einem Verkehrsmittel erreicht werden konn-te: mit dem Flugzeug.

Ein Problem liegt in den Strukturen der deutschen Wirtschaft. Sie, ist geprägt durch die Wirtschaftskrisen und Phasen großer Massenar-beitslosigkeit. Sie ist darauf ausgerichtet, die Vorhaltung ausreichen-der Arbeitsplätze allen anderen Zwecken und Zielen überzuordnen. Hierin ist begründet, dass ein Hersteller von Lkw, der einigen tausend Beschäftigten Beschäftigung und Auskommen bietet und damit die Arbeitslosenstatistiken verschönen hilft, eben in den politischen Machtzentren die überzeugenderen Argumente hat. Wenn seine Lobbies zum Tanz bitten, kann sich kaum ein Politiker verweigern.

Über das wahrheitsgetreue Vorbringen der Binnenschifffahrts-Lobbyisten, das Binnenschiff sei umweltschonender und naturfreundlicher, weil man mit ihm den Rußausstoß von hundert oder mehr Lkw vermeiden kann, lachen die Lkw-Leute nur. Sie trumpfen mit dem Scheinargument auf, dafür würden auch mit einem Binnenschiff hundert oder mehr Arbeitsplätze von Lkw-Fahrern eingespart.

Das ist zwar kein Argument, da, wie wir gesehen haben, diese Arbeitsplätze beim Binnenschiffstransport an anderen Stellen wieder geschaffen werden; doch was interessiert einen Lobbyisten in Berlin, was auf den Straßen und den vermeintlich einzigartigen Arbeitsplätzen hinter den Lenkrädern der Lkw in Wirklichkeit geschieht?

Was interessiert es ihn, dass Lkw-Fahrer unter dem Druck von allen Seiten schier zusammenbrechen? Auf der einen Seite Lenkstundenbegrenzung an der Irrationalitätsgrenze, auf der anderen gänzlich überfüllte Autobahn-Parkplätze, auf denen sich aufgrund der irren Lenkstundengrenzen die Lkw bis in die Fahrbahn der Autobahn hinein zurückstauen, weil ein einziger Lkw, dessen Fahrer die Lenkstundenhöchstgrenze erreicht hat und auch nicht einen einzigen Zentimeter mehr fahren darf, bei Strafe von Führerschein- und Arbeitsplatzverlust, die Zufahrt zum Parkplatz hoffnungslos versperrt. [59]

Als Student habe ich in den siebziger Jahren vierzigtonner Tankzüge gefahren. Schweröl für Zuckerfabriken, Stadtwerke, Brauereien, Latex für Teppichhersteller. Hamburg-Hildesheim, Dänemark-Frankreich, Ruhrgebiet-Leuna in der DDR, Berlin-Hamburg. Wenn ich müde wurde, habe ich einen Parkplatz am Rande der Autobahn oder der Transitstrecke B5 ein Intourist-Restaurant aufgesucht. Da gab es für eine Mark zweiunddreißig etwas Leckeres aus LPG-Produktion zu essen. In Eisenach bin ich einmal von der offiziellen Transitstrecke abgefahren. Da kam ein Vopo und wies mich freundlich darauf hin. Das war eigentlich der größte Stresstreiber. Das war damals. Heute herrscht auf deutschen Straßen Krieg. Die Angst fährt mit. Der tägliche Kampf auf der Straße macht krank. Lkw-Fahrer, die mit Herzinfarkt ungebremst in Leitplanken und Stauenden rasen. Aus der Truckerromantik von einst ist ein Todeskommando um die nackte Existenz geworden.

1998 bin ich als Redakteur der Zeitschrift „Binnenschifffahrt" auf einem Frachter, beladen mit Reis aus Venezuela für Budapest, von Amsterdam bis Mainz mitgefahren. Meine Frau war mit. Wir hatten ein eigenes Appartement im Bug, zwei Zimmer, Küche, Bad, rechts und links fließend Wasser, morgens Wecken durch Ankerkette inklusive. Frau Käptn – das Ehepaar kam aus den Niederlanden – kochte hervorragend. Indonesisch. Tags über sonnetanken an Deck. Abends übernachten in einer Rhein-Innenbiegung oberhalb von Koblenz, nachdem wir ein erfrischendes Bad im blitzsauberen, aber auch am Innenufer noch ziemlich reißenden Rheinwasser genommen haben.

Dabei zeigte mir der Käptn die vielen Aktenordner, die voll mit Patenten, Bescheinigungen und sonstigen Begleitpapieren für ein gerüttelt Maß an Formalitätenstress sorgten. Die Bergstrecke von Koblenz bis Bingen gehörte auch damals zu dem anderen Stressbringer des erfahrenen Schiffsführers. Daran hat sich bis heute nicht viel geändert. Bis heute klagen die Schiffer über einen Mangel an Anlegestellen, nicht bedarfsgemäßem Ausbau der Wasserstraßen.

Dabei könnte alles viel besser laufen, für Lkw-Fahrer und Binnenschiffer, wenn man der Binnenschifffahrt einfach mehr Aufmerksamkeit schenken würde. Beide, Lkw-Fahrer und Schiffsführer, könnten weit stressfreier leben und arbeiten. Doch die Öffentlichkeit nimmt sie und ihre Probleme nicht wahr, es sei denn, etwas Großes passiert. So wie im Januar 2011, als der Chemietanker „Waldhof" unter der Loreley auf dem Rhein havariert *(s. Seite 34)*.

An der Donau tickt eine ähnliche Zeitbombe. Es ist eine Frage der Zeit, dass dort in der Mühlhamer Schleife ein ähnlicher Unfall passiert. Abhilfe müsste geschaffen werden – jetzt. Doch die Politik starrt wie das Kaninchen auf die Schlange grüner Verhinderungspolitik.

Ähnliche Zeitbomben ticken überall auf den Wasserstraßen, auf den Straßen und Schienen, wo grüne und selbst ernannte Umweltschützer mit Verbandsklagen und allen möglichen Mitteln ihrer Politpropaganda einen vernünftigen Ausbau der Wasserstraßen und damit eine nachhaltige Entlastung von Schiene und Straße verhindern, koste es, was es wolle – und wenn die Rechtsstreitigkeiten durch alle Instanzen bis zu den oberen und höchsten Gerichten getrieben werden müssen.

In diesem Buch, in dem ich meine Erfahrungen mit der Branche, mit der Politik, mit den Argumenten, die mir in über fünfzehn Jahren Befassung mit der Binnenschifffahrt begegnet sind, zusammengetragen habe, möchte ich einen Beitrag leisten, dass die Öffentlichkeit endlich die faszinierenden Chancen wahrnimmt, die die Binnenschifffahrt für Volkswirtschaft und Gesellschaft bereit hält. Es soll helfen, das Thema in den Medien auf der Agenda im täglichen Krieg der Informationen wenigstens etwas nach vorne zu rücken.

Nun mag man sich an dem Titel „Im Fadenkreuz der Libellen-Mafia" stören. Und zunächst befürchtete auch ich mit einem solchen Titel möglicherweise über das Ziel hinauszuschießen. Doch dann sah ich einen Fernsehbericht über die Machenschaften im Bereich der Gentechnik, wo ebenfalls eine Gruppe interessierter Unternehmen wie das US-Unternehmen Monsanto, unterstützt von einer weltweiten Gesetzgebung des Urheberrechts und machtlosen Regierungen, ihr Unwesen treibt. Sie wird in dem Bericht ebenfalls als „Mafia" bezeichnet. [60]

Was wir in der Binnenschifffahrt und im gesamten Verkehrswesen erleben, ist nur die Fortsetzung dessen mit den gleichen Mitteln, in einer anderen Branche. Denn was an Subversion, Usurpation, Machenschaften etc. von einer unheiligen Allianz, die von Linksautonomen über Mainstreammedien, grüne Parteipolitiker und Naturschutzclubs bis hin zu Fundis und Realos der Lkw-Industrie und einer im Zeichen von *Just-in-time* an nichts weiter als der Verlagerung ihrer Lagerbedarfe auf die Autobahn interessierten Wirtschaft getrieben wird, um der Binnenschifffahrt sprichwörtlich das Wasser abzugraben – alles das trägt an das Mafiöse grenzende Züge.

Buchstäblich im Fadenkreuz einer Libellen-Mafia stehen nicht nur die Binnenschifffahrt, Wasserstraßen und die sie stützenden Kräfte, sondern, das haben wir gelernt, überraschenderweise auch solche vermeintlich grüne und Umweltanliegen wie stabile Brücken, Kanalisationsbauten, altehrwürdige Sakralbauten oder ganze Naturschutzbiotope.

Im Superwahljahr 2013 kommt es fast mit Schicksalhaftigkeit darauf an, wer künftig in Berlin und München das Sagen haben wird. Dabei wird man sich sicherlich vor eine Wahl zwischen Teufel und Belzebub gestellt sehen. Denn was die bisherigen Regierungen für die Binnenschifffahrt geleistet haben, ist schon gering genug. Nur, was, und das hoffe ich in diesem Buch einigermaßen deutlich gemacht zu haben, die Binnenschifffahrt, den Verkehr, die Verkehrsteilnehmer, die Wirtschaft, die Menschen erwartet, sollte eine rote oder rot-grüne Regierung ab September 2013 bestimmen, wie es mit der Binnenschifffahrt weitergehen soll, wird, da sind sich die Beobachter weitgehend einig, das vollständige Aus für die Binnenschifffahrt in Deutschland und damit für Europa spätestens ab 2030 bedeuten – also in weniger als zwanzig Jahren. Wenn ich dann Unrecht gehabt haben sollte, soll mir das umso lieber sein.

Wenn darüber hinaus dieses Buch in der allgemeinen Diskussion wenigstens einen Beitrag zur Versachlichung der Argumente und mehr Verständnis für die berechtigten Interessen der Binnenschifffahrt leisten kann, wäre noch mehr gewonnen.

Wer am 15. September 2013 in Bayern und wer am 22. September bundesweit an die Wahlurne geht, sollte sich genau überlegen, was er künftig in Deutschland haben will: ein funktionierendes Verkehrssystem und damit seine auch in Zukunft sichergestellte Versorgung, wobei die Belange der Natur und Umwelt ebenso berücksichtigt werden wie die der Menschen als deren integraler Teil. Oder ein Zurück in der Erdgeschichte zu den Anfängen der Urstromtäler von Rhein, Donau, Elbe und Oder. Eine Überlegung, mit welcher Partei man das kleinere Übel wählt, Hauptsache nicht das andere, sollte dabei eine nachrangige Rolle spielen.

Wichtig ist, dass die Konstellation politischer Ansätze zum Zuge kommt, die in der Sache das Vernünftige tut und das Heuchlerische unterlässt. Das Vernünftige ist aber, was auch langfristig Bestand hat. Und da sind an punktuellen Bedarfslagen allein ausgerichtete Konzepte keinesfalls die richtige Antwort. Sie dienen nur der Libellen-Mafia, nicht der Libelle.

PERSONEN- UND SACHREGISTER

ANMERKUNGEN

1   So sind die Bienen, Achim Gercke, S. 147, Delta-Verlag, St. Augustin, 1981

2   Reinhard Bütikofer über Benzinpreis 5 DM pro Liter, in 30 grüne Jahre (20): Parteitag in Magdeburg 1998, Realistische Politik?, http://www.gruene.de/partei/30-gruene-jahre-30-gruene-geschichten/30-gruene-jahre-20-parteitag-in-magdeburg-1998.html, 2010

3   Der Göttinger Politikwissenschaftler Franz Walter, Leiter des Instituts für Demokratieforschung der Universität Göttingen, fand im Mai 2013 heraus, dass der Einfluss pädophiler Gruppen auf die Grünen in ihrer Geschichte weit größer ist als gedacht. Danach gibt es nicht nur Äußerungen von Politikern wie Daniel Cohn-Bendit, die Auftritte von pädophilen „Stadtindianern" auf Parteitagen und vorübergehende Beschlüsse von einzelnen Landesverbänden. Walter deckte auf, dass die Forderung nach einer weitgehenden Legalisierung von Sexualkontakten zwischen Erwachsenen und Kindern dreizehn Jahre lang grüne Programmatik war. Sie findet sich 1980 im ersten Grundsatzprogramm und wurde erst 1993 formell aufgehoben. S. Paktierte die FDP mit Pädophilen? Thorsten Jungholt, in: „Die Welt", 13.8.2013. Erst im Juni 2013, rund 30 Jahre danach, und auch nur aufgrund des öffentlichen Drucks nahm die Parteichefin der Grünen, Claudia Roth, Abstand von der pädophilen Vergangenheit ihrer Partei und kündigte eine Entschuldigung an. S. dazu: Grüne kündigen Entschuldigung an, http://www.taz.de/Claudia-Roth-zur-Paedophilie-Debatte/!117279/

4   Joschka Fischer schwingt die Nazi-Keule, Peter Ehrlich, http://www.stern.de/politik/deutschland/kritik-an-merkels-euro-kurs-joschka-fischer-schwingt-die-nazi-keule-1836444.html, 4. Juni 2012

5   Heuschrecken-Alarm an der Wasserfront, Friedrich H.B. Oehlerking, Graubuch Logistik, getfax Verlag, Erdweg, 2013

6   Die Schock-Strategie – Der Aufstieg des Katastrophen-Kapitalismus, Naomi Klein, Fischer-Verlag, Frankfurt am Main, 2007. Klein zufolge plädierte der Chicagoer Wirtschaftswissenschaftler Milton Friedman nach dem Hurricane Katrina in New Orleans 2005 dafür, einen Teil der Milliarden Hilfsgelder nicht in den Wiederaufbau und die Verbesserung des öffentlichen Schulwesens von New Orleans zu stecken, sondern in vom Staat subventionierte Gutscheine, die die Menschen dann bei privaten, profitorientierten Einrichtungen einlösen könnten – und dies nicht nur zeitlich begrenzt unmittelbar nach Katrina, sondern als „permanente Reform" für immer. Folge war, dass die Tarifverträge für Lehrer gekündigt wurden, die meisten der 4.700 Mitglieder der Lehrergewerkschaft ihre Anstellung verloren, die Lehrer öffentlicher Schulen zusehen mussten, wie für die Flutopfer gesammeltes Geld abgezweigt wurde, um ein öffentliches System auszuradieren und es durch ein privates zu ersetzen.

7   Radikales Umdenken in der Hochwasserschutzpolitik, Beschluss Parteirat zu

Hochwasser, http://www.renate-kuenast.de/themen/klima-und-energie/parteirats-beschluss-zu-hochwasser

8   Die Flut in Deutschland – Nur Laune oder Rache der Natur?, „Hart aber fair", WDR, 3.6.2013

9   Die Binnenschifffahrt muss ‚Gas' geben, Interview mit Valerie Wilms, in „Binnenschifffahrt", Schifffahrtsverlag „Hansa" Tamm Media, Hamburg, 2/2011, S. 11 ff.

10 „Mehr Verkehr auf die Schiene", Das Grüne Bahnkonzept, Fraktionsbeschluss vom 24. April 2012

11 Das ist lebendige Basisdemokratie, http://www.gruene.de/partei/das-ist-lebendige-basisdemokratie.html, 10.6.2013

12 Für ein leistungsfähiges Bundeswasserstraßennetz, Horst Christian Knoll, in „Binnenschifffahrt", Schifffahrtsverlag „Hansa" Tamm Media, Hamburg, 11/2011, S. 17 ff.

13 Die Zukunft des Güterverkehrs und der Binnenschifffahrt in Europa 2010 – 2011, Reihe Binnenschifffahrt: Gütertransport mit Power, *Bureau Voorlichting Binnenvaart / Expertise en Innovatie Centrum Binnenvaart* / EBU, 4. Auflage, April 2009, Rotterdam

14 Laut BVB-Broschüre unter Berufung auf Zahlen des US-Census 2009.

15 Prognose der deutschlandweiten Verkehrsverflechtungen 2025, FE-Nr. 96.0857/2005, Bundesministerium für Verkehr, Bau und Stadtentwicklung, Forschungskonsortium unter Federführung von Intraplan Consult (München), München/Freiburg, 2007

16 BASt-Bericht B 68, Rolf Kaschner, Wilhelm Buschmeyer, Martina Schnellenbach-Held, Peer Lubasch, Jürgen Grünberg, Michael Hansen, Jan Peter Liebig, Karsten Geißler, http://www.bast.de/nn_42254/DE/Publikationen/Berichte/unterreihe-b/2010-2008/b68.html, 2009

17 BDB: Außergewöhnliche Belastung, Friedrich H.B. Oehlerking, in „Binnenschifffahrt", Schifffahrtsverlag „Hansa" Tamm Media, Hamburg, 4/2011, S. 33

18 „Dauerstress im Mammutstau" in „ADAC Motorwelt" 2/2013, S. 21 ff.

19 Email an den Verfasser vom 13. März 2013

20 Rainer Hillgärtner, Leiter Presse- und Öffentlichkeitsarbeit, ACE Auto Club Europa e. V., Email an den Verfasser v. 4. März 2013

21 Email-Verkehr mit dem Verfasser vom 11./14.1. und 6.2.2013

22 Bestand an Kraftfahrzeugen und Kraftfahrzeuganhängern am 1. Januar 2013 nach Bundesländern und Fahrzeugklassen absolut, www.kba.de

23 Verkehr europäischer Lastkraftfahrzeuge (VE 1), Gesamtverkehr 2010, Kraftfahrt-Bundesamt, Flensburg 2012.

24 *The commercial vehicle industry is a key industrial asset for Europe*, ACEA, www.acea.be, 2009.

25 „Verkehrswirtschaftlicher und ökologischer Vergleich der Verkehrsträger Straße, Schiene und Wasserstraße", Planco Consulting GmbH, Essen, 2007

26 Heuschrecken-Alarm an der Wasserfront, Friedrich H.B. Oehlerking, getfax Grau-
    buch Logistik, Erdweg, 2013

27 Mentekel Brückensperre Leverkusen, Hans-Wilhelm Dünner, Editorial in „Schiff-
    fahrt Hafen Bahn und Technik", Verlag Schiffahrt Hafen Bahn und Technik,
    1/2013, St. Augustin, 2013

28 Sanierung von Brücken, Straßen.Nordrhein-Westfalen. Landesbetrieb Straßenbau
    Nordrhein-Westfalen, auf http://www.strassen.nrw.de/projekte/brueckenertuechti-
    gung.html

29 Auswirkungen des Schwerlastverkehrs auf die Brücken der Bundesfernstraßen,
    BASt-Bericht B 68, Rolf Kaschner e.al., Carl Schünemann Verlag GmbH, Bremen,
    2009.

30 Deutsche Flüsse in schlechtem Zustand, Lothar Tölle, in „Binnenschifffahrt",
    Schifffahrtsverlag „Hansa" Tamm Media, Hamburg, 10/2011, S. 19

31 Barde der Binnenschifffahrt, Friedrich H.B. Oehlerking, in „Binnenschifffahrt",
    Schifffahrtsverlag „Hansa" Tamm Media, Hamburg, 11/2008, S. 45 ff.

32 Wasser predigen, Wein trinken, Friedrich H.B. Oehlerking, in „Binnenschifffahrt",
    Schifffahrtsverlag „Hansa" Tamm Media, Hamburg, 6/2009, S. 43 f.

33 Hochwasser des Jahrhunderts, Krischan Förster, Editorial in „Binnenschifffahrt"
    6/2013, Schifffahrtsverlag „Hansa" Tamm Media, Hamburg, S. 1

34 Flutkatastrophe: Scharfe Kritik an Umweltschützern, „Focus", 6.6.2013

35 Europäisches Naturschutzrecht: Die Verbandsklage – Auswirkungen auf Infra-
    strukturvorhaben, Impulsvortrag, Willi Vallendar, Kongress der Hafentechnischen
    Gesellschaft (HTG), Lübeck, 2009.

36 Faszination Libelle, BUND,
    http://www.bund.net/index.php?id=5953&cHash=&L=&type=98

37 Ökonomische Entwicklungsperspektive der KEO-Region, Studie, Hamburger
    Weltwirtschafts-Institut (HWWI), Konferenz der Kammerunion Elbe/Oder (KEO),
    Warschau, 2012

38 Welche Verkehrskorridore braucht die Wirtschaft im Elberaum?, Jiří Aster, Vortrag,
    Elbe-Konferenz von Bündnis 90/Die Grünen am 16. April 2013 in Magdeburg, in
    „Binnenschifffahrt", Schifffahrtsverlag „Hansa" Tamm Media, Hamburg, 6/2012,
    S. 8 ff.

39 Zum zweiten Mal doppelt gut, Andreas Fröning, in „Binnenschifffahrt", Schiff-
    fahrtsverlag „Hansa" Tamm Media, Hamburg, 10/2011, S. 11 ff.

40 BDB im Schulterschluss mit BUND, „Binnenschifffahrts-Report", Informationen
    des Bundesverbandes der Deutschen Binnenschifffahrt e.V. 2/2013, S. 13 f.

41 Wasserstraßenbau hilft gegen Hochwasser, Friedrich H.B. Oehlerking, in „Binnen-
    schifffahrt", Schifffahrtsverlag „Hansa" Tamm Media, Hamburg, 2-3/2012, S. 94

42 Bonapart-Newsletter 12/2013 vom 21.6.2013

43 Beschluss Parteirat, Radikales Umdenken in der Hochwasserschutzpolitik, auf
    http://www.renate-kuenast.de/themen/klima-und-energie/parteirats-beschluss-zu-

hochwasser/, 13.6.2013

44 Die Flut in Deutschland – Nur Laune oder Rache der Natur?, „Hart aber fair", ebd.

45 Wasserstraßenbau hilft gegen Hochwasser, Friedrich H.B. Oehlerking, in „Binnen-schifffahrt", Schifffahrtsverlag „Hansa" Tamm Media, Hamburg, 2-3/2012, S. 97

46 Der Hochwasserschutz an der Donau in Bayern, bearbeitet von der Obersten Bau-behörde im Staatsministerium des Innern, Universitäts-Buchdruckerei Dr. C. Wolf & Sohn, München, 1927

47 Brief Carls an Bedford-Strohm v. 17.1.2013

48 Österreichisch für „verärgern"

49 Der Ausbau der Donau zwischen Straubing und Vilshofen – eine unendliche Ge-schichte (?), Horst Kleemeier, München 2001.

50 Zitiert nach: BDB kritisiert Beschluss der bayerischen Landesregierung zum Do-nauausbau, Ergebnis der variantenunabhängigen Untersuchung wird ignoriert, „Binnenschifffahrts-Report", Informationen des Bundesverbandes der Deutschen Binnenschifffahrt e.V. 1/2013, S. 4 f.

51 „Vitamin C für die Donau", Informationsveranstaltung des OWWC am 20. No-vember 2012 in der Hochschule Deggendorf

52 Der Lange Marsch durch die Instanzen, Friedrich H.B. Oehlerking, in „Binnen-schifffahrt", Schifffahrtsverlag „Hansa" Tamm Media, Hamburg, 11/2008, S. 17 ff.

53 Keine Neuauflage Kraftwerkspläne an der Donau, Friedrich H.B. Oehlerking, in „Binnenschifffahrt", Schifffahrtsverlag „Hansa" Tamm Media, Hamburg, 10/2011, S. 56 ff.

54 Neckar-Power: Wasserkraft unter der Lupe, in „Von Fischen und Frachtern", Initia-tive der Nachhaltigkeitsstrategie des Landes Baden-Württemberg, getragen von der Wasser- und Schifffahrtsverwaltung des Bundes und dem Ministerium für Umwelt, Klima und Energiewirtschaft Baden-Württemberg (www.fische-frachter.de).

55 Donauausbau und Wasserkraft, Hannes Burger, in „Binnenschifffahrt", Schiff-fahrtsverlag „Hansa" Tamm Media, Hamburg, 9/2011, S. 2

56 Donauwasserkraftwerke noch nicht thematisiert, Interview mit Andreas Scheu-er anlässlich des Festaktes zum 25-jährigen Bestehen des Bayerischen Hafenfo-rums, in „Binnenschifffahrt", Schifffahrtsverlag „Hansa" Tamm Media, Hamburg, 12/2011 S. 9

57 Fischpässe für eine Milliarde, Hermann Garrelmann, in „Binnenschifffahrt", Schifffahrtsverlag „Hansa" Tamm Media, Hamburg, 7/2012, S. 58 f.

58 *Canal Seine Nord Europe* – Planung eines PPP-Projekts, Manuela Osterthun, in „Binnenschifffahrt", Schifffahrtsverlag „Hansa" Tamm Media, Hamburg, HTG-Teil, 2-3/2012, S. 98

59 Die Last mit den Lastern – Lkw-Flut auf der Autobahn, Broka Herrmann, Repor-tage, ZDF, 12.2.2013, http://www.zdf.de/ZDFmediathek/beitrag/video/1831672/#/beitrag/video/1831672/Die-Last-mit-den-Lastern-

60 USA – Rätsel um verbotenen Genweizen, ARD, 30.6.2013

ABKÜRZUNGEN

ACEA	*Association des Constructeurs Européens d'Automobiles,* Verband der Europäischen Automobilhersteller
ADAC	Allgemeiner Deutscher Automobil-Club
ADN	*European Agreement concerning the International Carriage of Dangerous Goods by Inland Waterways Navigation,* Europäisches Übereinkommen über die Internationale Beförderung von gefährlichen Gütern auf Binnenwasserstraßen
ARA	Antwerpen, Rotterdam, Amsterdam
BAB	Bundesautobahn
BASF	Badische Anilin- und Sodafabrik
BBU	*Binnenvaart Branche Unie*
BDB	Bundesverband der Deutschen Binnenschiffahrt e.V.
BDS	Bundesverband der Selbständigen, Abt. Binnenschiffahrt e.V.
BHF	Bayerisches Hafenforum
BME	Bundesverband Materialwirtschaft, Einkauf und Logistik e.V.
BMVBS	Bundesministerium für Verkehr, Bau und Stadtentwicklung
BUND	Bund für Umwelt und Naturschutz (BUND) e.V..
BVB	*Bureau Voorlichting Binnenvaart*
BVWP 2015	Bundesverkehrswegeplan 2015
CSNE	*Canal Seine Nord Europe*
DB	Deutsche Bahn, früher Deutsche Bundesbahn
DDR	Deutsche Demokratische Republik
DEK	Dortmund-Ems-Kanal
DIN	Deutsche Industrie-Norm
DVD	Digital Versatile Disc
DWSV	Deutscher Wasserstraßen- und Schiffahrtsverein Rhein-Main-Donau e.V.
EBU	*European Barge Union,* Europäische Binnenschifffahrtsunion
EG	Europäische Gemeinschaft
EIB	Europäische Investitionsbank
EICB	*Expertise en Innovatie Centrum Binnenvaart*
ELK	Elbe-Lübeck-Kanal
ESK	Elbenseitenkanal
EU-WRRL	Wasser-Rahmenrichtlinie der EG
EU	Europäische Union
FDP	Freie Demokratische Partei
FFH	*Flora, Fauna, Habitat*
GDWS	Generaldirektion Wasserstraßen und Schifffahrt
GGMS	Großgütermotorschiff
GMS	Gütermotorschiff

HSW	Höchstschiffbarer Wasserstand
HTG	Hafentechnische Gesellschaft
HW100	Hundertjähriges Hochwasser
HWWI	Hamburger Weltwirtschafts-Institut
IMMH	Internationales Maritimes Museum Hamburg
IWASA	Institut für Wasserbau und Wasserwirtschaft
KEO	Kammerunion Elbe/Oder
KV	Kombinierter Verkehr
Kümo	Küstenmotorschiff
MDK	Main-Donau-Kanal
MLK	Mittellandkanal
NABU	Naturschutzbund Deutschland e.V.
NAIADES	*NAvigation Inland waterways Action and DEvelopment Strategy*
RHK	Rhein-Herne-Kanal
RM	Reichsmark
RMD	Rhein-Main-Donau GmbH
ROV	Raumordnungsverfahren
RWTH	Rheinisch-Westfälische Technische Hochschule Aachen
SPD	Sozialdemokratische Partei Deutschlands
TMS	Tankmotorschiff
Vopo	Volkspolizist
VW	Volkswagen
WAA	Wiederaufbereitungsanlage
WSV	Wasser- und Schifffahrtsverwaltung
ZARA	Zeebrugge, Antwerpen, Rotterdam, Amsterdam

ABBILDUNGEN

Abb. 1: Schwerlastverkehr, S. 39, © BASt 2013, Bearbeitung F. H.B. Oehlerking

Abb. 2: Speer-Azurjungfer-Libelle Männchen: 65, © BUND 2013

Abb. 3: Speer-Azurjungfer-Libelle Weibchen: 65, © BUND 2013

Abb. 4: Donau bei Deggendorf 1926, S. 79, © Dr. C. Wolf & Sohn, München, 1927

Abb. 5: Flugblatt des BUND, S. 90, © BUND 2008

Abb. 6: Schlauch im Fluss, S. 91, © RMD 2008

Abb. 7: Mühlhamer Schleife, S. 91, Foto: Marina Oehlerking

Abb. 8: Sanfte Variante C Vergleich, S. 95, © WSV, Bearbeitung F. H.B. Oehlerking

Abb. 9: Fast wia am richt´gen Amazonas, S. 105 © RMD 2013

Abb. 10:Biotop und freifließende Donau, S. 105 © RMD 2013

Weitere Titel von Friedrich H.B. Oehlerking
Bereits erschienen:

Kapitalisierung durch Privatisierung

Heuschrecken-Alarm an der Wasserfront

Binnenreeder: Uneinigkeit macht Streik · EU:
Geistesstörung bei Marktstörung · WSV: Zer-
schlagung eines Erfolgsmodells
Umfang: 132 Seiten
Preise: 12,90 € Paperback / 9,90 € eBook

In Vorbereitung:

Rechtzeitig zur EuroPort 2013 – 5.-8. November 2013

Viel Lärm um viel Gestank

Problem Motor?

Alternative Kraftstoffe und Ab-
gasreinigung in der Schifffahrt
Voraussichtlicher Erscheinungstermin: 15. Oktober 2013
Umfang: 132 Seiten
Preis: 12,90 Euro Paperback / 9,90 Euro eBook

Rechtzeitig zur ITB 2014 – 5.-9. März 2014

Zypern · Malta · Cayman Islands

Philippinos auf dem Rhein?

Ausbildungsnotstand der Binnenschifffahrt hausge-
macht · Steueroasen der Flusskreuzschifffahrt trocknen
aus
Voraussichtlicher Erscheinungstermin: 15. Februar 2013
Umfang: 132 Seiten
Preis: 12,90 € Paperback / 9,90 € eBook

Rechtzeitig zur CeMAT 2014 – 19.-23. Mai 2014

Schiffsunternehmer

Selbständig auf dem Wasser?

Partikuliere zwischen Befrachtern und Banken · Dann macht 's wer anders ... · Wozu sind Verbände da?
Voraussichtlicher Erscheinungstermin: 15. April 2014
Umfang: 132 Seiten
Preis: 12,90 € Paperback / 9,90 € eBook

Rechtzeitig zum Europawahlkampf 2014 – 25. Mai 2014

Wasserstraßen

Will Europa das TEN-V wirklich?

Die EU und ihre Wasserstraßen · Jedem Regiönchen sein freifließendes Flüsschen · Leichtern zum Erschweren
Voraussichtlicher Erscheinungstermin: 15. Mai 2014
Paperback / eBook
Umfang: 132 Seiten
Preis: 12,90 € Paperback / 9,90 € eBook

Rechtzeitig zum gmec/SMM 2014 – 9. September 2014

Wasserkraft

Was geschah an der Donau wirklich?

Keine Energiewende nach Fukushima ohne Wasserkraft · Donauausbau: Skandal der verpassten Energien · Energie auf Pump: Ohne Umgehung Scharnebeck keine grüne Wasserenergie
Voraussichtlicher Erscheinungstermin: 1. September 2014
Umfang: 132 Seiten
Preis: 12,90 € Paperback / 9,90 € eBook

Anzeigen, Vorbestellungen (ermäßigt) unter: http://getfax.jimdo.com oder auf Anfrage Email info@duisburg-gipfel.eu oder schriftlich an Getfax-Verlag F. Oehlerking, Winterstr. 23a, 85253 Erdweg, Tel.: (08138) 697 63 60.
Alle Angaben ohne Gewähr. Änderungen vorbehalten.

Duisburg Gipfel
Intermodaler Verkehr, Logistik,
Wasserstraßen & Häfen
Exklusiv: Europäischer Binnenschifffahrts-Award „ANKER"

Voranmeldungen: www.duisburg-gipfel.eu, info@duisburg-gipfel.eu.